全国教育科学规划国家一般项目
"乡村困境儿童成长的教育精准支持研究"
项目编号：BFA160037

乡村困境儿童
教育精准支持研究

邓 旭 马一先 ◎ 著

辽宁人民出版社

© 邓旭　马一先　2022

图书在版编目（CIP）数据

乡村困境儿童教育精准支持研究 / 邓旭, 马一先
著.—沈阳:辽宁人民出版社, 2022.10
ISBN 978-7-205-10491-7

Ⅰ.①乡… Ⅱ.①邓… ②马… Ⅲ.①农村—儿童教
育—教育政策—研究—中国 Ⅳ.①G61

中国版本图书馆CIP数据核字(2022)第116670号

出版发行：辽宁人民出版社
　　　　　地址：沈阳市和平区十一纬路25号　邮编：110003
印　　刷：沈阳海世达印务有限公司
幅面尺寸：170mm×240mm
印　　张：13.5
字　　数：185千字
出版时间：2022年10月第1版
印刷时间：2022年10月第1次印刷
责任编辑：张天恒　王晓筱
装帧设计：山月设计
责任校对：吴艳杰
书　　号：ISBN 978-7-205-10491-7
定　　价：58.00元

目　录

第一章

走向乡村困境儿童的教育精准支持

一、研究缘起

（一）乡村困境儿童需要教育精准支持

"精准扶贫、精准脱贫"是保障和改善民生的重要要求，是实施脱贫攻坚工程的重要抓手。2013 年 11 月，习近平总书记在湖南湘西考察时提出要精准扶贫。2015 年 4 月 1 日，中央全面深化改革领导小组第十一次会议提出"发展乡村教育，让每个乡村孩子都能接受公平、有质量的教育"。大力发展乡村教育，成为精准扶贫在教育扶贫中的重要举措。2015 年 11 月，中央扶贫开发工作会议明确把"发展教育脱贫一批"列入"五个一批"脱贫举措中，赋予教育重要使命，提出"治贫先治愚，扶贫先扶智，国家教育经费要继续向贫困地区倾斜、向基础教育倾斜、向职业教育倾斜，帮助贫困地区改善办学条件，对农村贫困家庭幼儿特别是留守儿童给予特殊关爱"。2015 年 11 月 29 日颁布的中共中央、国务院《关于打赢脱贫攻坚战的决定》明确提出"实施精准扶贫方略，加快贫困人口精准脱贫"，再次赋予教育扶贫"阻断贫困代际传递"的使命，其实现路径被描述为"让贫困家庭子女都能接受公平、有质量的教育"。这不仅标志着我国正式进入脱贫攻坚、全面建成小康社会的决胜阶段，更明确了教育扶贫在精准扶贫体系中发挥的基础性、先导性和根本性作用。特别是国务院于 2001 年 5 月发布的《中国儿童发展纲要（2001—2010 年）》是我国首个正式提到"困境儿童"一词的规范性文件。2013 年 11 月，党的十八届三中全会要求"健全困境儿童分类保障制度"，随后的 2014 年政府工作报告进一步提出"加强未成年人保护和困境家庭保障",这表明如何保障困境儿童已被纳入政府的顶层制度设计中。尤其是在 2016 年 6 月颁布的《国务院关于加强困境儿童保障工作的意见》中明确提出了"困境儿童"的概念,成为当前我国困境儿童政策的纲领性文件。提出要遵循"家庭尽责、政府主导、社会参与"的基本原则,确保困境儿童的生存、发展、安全权益得到有效保障。消除由于自身生理原因以及社会、家庭等原因使得困境儿童特别是乡村困境儿童无法接受与其他儿童同等教育的弊端。

(二)教育支持帮助乡村困境儿童摆脱困境

在困境儿童中,乡村困境儿童所占比例大,处境更为不利。这个特殊的群体由于自身生理原因以及社会、家庭等原因,使得困境儿童不能接受与正常儿童同等而公平的教育,造成困境儿童特别是乡村困境儿童觉得自己不幸福,对前途没信心,缺乏社交、生活的技能和能力。困境儿童及乡村困境儿童问题日益受到政府、学术界和社会的广泛关注。关爱乡村困境儿童,助力乡村困境儿童摆脱困境,成为党和政府关注民生、改善民生,实现"精准扶贫、精准脱贫"的重要举措。教育支持作为社会支持的重要部分,能够消除城乡差别,遏制贫困传递,通过对乡村困境儿童实施教育支持,可以有效改善乡村困境儿童融入社会的综合能力不足的问题,保障乡村困境儿童平等的受教育权。还可有效打破乡村困境儿童家庭的贫困代际传递,为更多的乡村困境儿童提供基本的教育资源,让广大乡村困境儿童有机会接受平等的教育,进而有效促进教育公平和社会公平。对乡村困境儿童教育支持遵循补偿性的社会救助向发展性的教育支持转变的原则,以"进得来、留得住、学得好"为宗旨,建构以"生存、保障、发展"为目的的教育安置体系。"进得来"是针对乡村困境儿童个体不同的情况和需求,让每个孩子都能接受义务教育和技能培训以及生存能力培训;"留得住"是通过保护性福利,使乡村困境儿童接受的教育支持不会"中途退出"，确保乡村困境儿童入学和不失学；"学得好"是通过发展性福利，使乡村儿童通过教育支持得到可持续发展，乡村困境儿童也能实现自然的主体（生存）—自在的主体（保障）—自我的主体（发展）逻辑。

（三）乡村困境儿童教育支持政策体系尚待完善

近年来，我国在乡村困境儿童教育支持的顶层设计层面，进行不断的探索和改革。国务院 2001 年 5 月发布的《中国儿童发展纲要（2001—2010 年）》中首次提到"困境儿童"这一概念，此后国家通过陆续出台一系列关于乡村困境儿童的养育、教育、医疗等相关的法律法规、规划纲要和行动计划，从生理、心理、教育等方面关注困境儿童及乡村困境儿童的成长。但由于我国乡村"困境儿童"的概念进入政策议题时间较晚，学界对乡村困境儿童的研究还有待深入等原因，我国目前有关乡村困境儿童的政策设计关注点仍集中在困境儿童福利、困境儿童救助等方面。虽然我国相关的政策如《国家教育事业发展第十二个五年规划》、《关于加强困境儿童保障工作的意见》等对乡村困境儿童的教育支持问题做出了具体规定，但是可以看出，对于乡村困境儿童的教育支持大多零散地出现在综合性乡村困境儿童政策的条文中，对乡村困境儿童的教育支持的专门政策较为少见，乡村困境儿童教育支持政策体系尚未形成。同时在已有的政策文件中，从乡村困境儿童教育支持的主体看，对乡村困境儿童教育支持中的政府支持、学校支持的政策规定较多，对乡村困境儿童教育支持中的家庭支持及社会支持的政策规定较少；从教育支持的客体看，对残疾儿童、流浪儿童的教育支持的政策规定较多，对诸如服刑人员子女等事实无人抚养乡村困境儿童的政策规定较少；从乡村困境儿童教育支持的内容看，对乡村困境儿童的救助、保障等内容政策规定较多，对乡村困境儿童教育支持的内容政策规定较少；从乡村困境儿童教育支持的方法看，对乡村困境儿童"一对一"的"精准的"教育支持方法的政策规定比较欠缺。

二、乡村困境儿童教育精准支持的困境

（一）乡村困境儿童分类保障政策之"困"①

1. 乡村困境儿童分类边界不清晰

乡村困境儿童精准识别是对乡村困境儿童精准施策的起点，乡村困境儿童的科学分类是乡村困境儿童精准识别的前提。何谓儿童、何谓困境、困境为何三个基本问题的厘清有助于明晰乡村困境儿童科学分类的边界。其中，"何谓儿童"是对乡村困境儿童本质的认识；"何谓困境"是对乡村困境儿童困境表现的呈现；"困境为何"是对乡村困境儿童成因的揭示。但是，目前有关乡村困境儿童保障的政策规定中，对这三个基本问题还存在边界模糊或者互相矛盾的规定，导致乡村困境儿童分类边界不清晰，乡村困境儿童分类保障政策对象有遗漏。首先，"何谓儿童"明确乡村困境儿童作为特殊工作对象的属性和乡村困境儿童的年龄范围。从属性上看，乡村困境儿童属于"儿童"范畴，具备作为"儿童"的"一般"属性和作为乡村"困境儿童"的"特殊"属性，两种属性交织存在，基于此，应改变儿童"嵌入式"福利政策的价值选择，将乡村困境儿童作为相对独立的特殊政策福利对象。从儿童的年龄界定上看，不同国家所划定的儿童年龄范围存在较大差异。《儿童权利公约》将儿童界定为18岁以下的任何人。而我国在2016年颁布的《关于加强困境儿童保障工作的意见》中没有明确界定困境儿童的年龄范围，只是在"保障基本生活"部分指出"对于无劳动能力、无生活来源、法定抚养人无抚养能力的未满16周岁儿童，纳入特困人员救助供养范围"；在"加强残疾儿童福利服务"部分，

---

① 邓旭，马一先．困境儿童分类保障政策的审视与推进 [C]．中国教育法制评论 [A]．北京：教育科学出版社，2020(12):165-175.

提到了"0—6 岁视力、听力、言语、智力、肢体残疾儿童"。从全国范围来看，一些地区如山东省、天津市、成都市等将困境儿童的年龄界定为 18 岁以下，其他省市要么没有界定困境儿童的年龄，要么将困境儿童的年龄界定为 16 岁以下或者 14 岁以下。因此，我国对于儿童年龄界定的不明确，使得对困境儿童以及乡村困境儿童的年龄界定不明确，使得部分乡村困境儿童游离于国家政策保障范围之外。其次，从"何谓困境"来看，《关于加强困境儿童保障工作的意见》规定，"困境儿童包括因家庭贫困导致生活、就医、就学等困难的儿童，因自身残疾导致康复、照料、护理和社会融入等困难的儿童，以及因家庭监护缺失或监护不当遭受虐待、遗弃、意外伤害、不法侵害等导致人身安全受到威胁或侵害的儿童"。上述规定囿经济发展水平、儿童保障理念发展水平以及儿童福利发展水平等现实考虑，只是对生存权、部分发展权和部分受保护权难以得到维护的困境儿童实施保障，其他困境表现如学业困难、人际交往困难、隐私权受到侵害等则没有被纳入保障范围。再次，从"困境为何"来看，《关于加强困境儿童保障工作的意见》中，将困境儿童"致困原因"分为家庭贫困、儿童自身残疾、监护缺失和不当三类，导致困境儿童造成困境的原因只包含了家庭和儿童个体两个方面，这与《中华人民共和国未成年人保护法》规定的未成年人由家庭、学校、社会、司法保护四个层面相比，缺乏对社会、司法、学校等层面的原因的规定，没有将如社会保障水平低、儿童保护理念差、户籍政策的限制、隐私权及财产权的侵害、校园欺凌等形成困境的原因加以考虑。

2. 乡村困境儿童分类保障标准陈旧

当前，儿童福利相关的法律、法规，及中国政府签署的国际公约，构成了我国儿童福利政策的总体框架，我国已形成了比较完备的儿童福利政策体系。1991 年，我国宣布加入《儿童生存、保护和发展世界宣言》

和《执行九十年代儿童生存、保护和发展世界宣言行动计划》，旨在以国际标准促进我国儿童福利政策体系框架的建构。2011年，国务院颁布《中国儿童发展纲要（2011—2020年）》指出，"扩大儿童福利范围，建立和完善适度普惠的儿童福利体系"。2014年，民政部颁布《关于进一步开展适度普惠型儿童福利制度建设试点工作的通知》，标志着"适度普惠型"儿童福利制度在我国正式确立。2016年颁布的《国务院关于加强困境儿童保障工作的意见》中，规定了困境儿童分类保障政策，这一政策的颁布进一步推动了"适度普惠型"儿童福利政策的发展。但是从目前我国已有的困境儿童及乡村困境儿童保障政策中不难看出，已有的困境儿童及乡村困境儿童保障的标准仍然沿袭旧有的"补缺型"儿童福利政策的标准。从保障对象上看，政策保障的困境儿童以及乡村困境儿童以孤儿、残疾儿童、流浪儿童三种类型为主，但是随着近些年引起社会广泛关注的如事实无人抚养的乡村困境儿童以及心理障碍乡村困境儿童、学习困难乡村儿童、社会适应困难乡村儿童等乡村困境儿童类型没有被纳入政策保障范围；从保障视角来看，由于我国的儿童福利政策长期依附于成人社会福利体系，大多以成人视角和权利观看待困境儿童及乡村困境儿童，尚未建立具有独立性质的儿童身份体系，呈现出儿童福利观"嵌入"社会福利整体中的特征，导致目前我国对困境儿童及乡村困境儿童的保障与救助还是以"户"为单位，没有精准到乡村困境儿童"个人"，困境儿童保障的政策设计没有单独将困境儿童及乡村困境儿童作为救助对象来识别和统计。从乡村困境儿童分类保障政策的建构上看，目前我国乡村困境儿童分类保障政策呈现出政策较为分散，不成体系且缺统一规范，政策内容可操作性不强的弊端，难以在政策顶层设计层面为乡村困境儿童的精准保障提供合法性依据。

3. 乡村困境儿童保障内容不全面

我国儿童福利政策经历了近三十年的发展。1992 年，国务院颁布《九十年代中国儿童发展规划纲要》，这是中国第一部以儿童为主体，按照儿童优先的原则，促进儿童发展的国家行动计划，该文件提出了我国儿童生存、保护和发展的十个主要目标。2001 年发布《中国儿童发展纲要（2001—2010 年）》中，从儿童与健康、儿童与教育、儿童与法律保护、儿童与环境四个领域，提出 2001—2010 年中国儿童发展政策目标和策略措施。2011 年发布《中国儿童发展纲要（2011—2020 年）》中，提出包括健康、教育、福利、社会环境、法律保护五个领域的中国儿童保障政策内容，旨在缩小城乡差距，提升儿童福利水平，促进儿童全面发展。从我国儿童发展规划近三十年的发展脉络可以看出，我国在儿童工作这个领域已经逐渐有了框架，每十年有一个计划和总结。从 20 世纪 90 年代初期的主要关注儿童健康，到 21 世纪前十年开始关注儿童教育和法律保护，再到 21 世纪第二个十年逐渐关注儿童生存环境以及普及法律知识促进儿童权利保护，受惠群体从城市到农村，从正常儿童到特殊儿童、弱势儿童。在中国儿童福利政策的框架下，2016 年发布《国务院关于加强困境儿童保障工作的意见》中，对困境儿童这一群体从保障基本生活、保障基本医疗、强化教育保障、落实监护责任、加强残疾儿童福利服务五个方面做了规定。可以看出，我国困境儿童及乡村困境儿童的保障范围由弃婴、孤儿向范围更加广泛的困境儿童类型拓展，保障内容由基本生活向教育、医疗、救护、康复、服务拓展。但是已有的困境儿童保障政策从保障内容上还没有实现按照不同乡村困境儿童群体的不同需求和面临的不同问题，对乡村困境儿童实施"内容分类"的保障；同时已有保障政策内容多注重具有救助等恢复性功能而较少关注权利维护、教育支持等体现发展性功能的内容设计；过于强调政府的保护而忽视乡村困境儿童社会融入的政策设计，导致乡村困境儿童分类保障政策更多地关注生存、保障层面，而对乡村困境儿童的可持续发展层面的保障有待进一步提高。

（二）乡村困境儿童学校教育精准支持之"困"[①]

上述的乡村困境儿童分类保障之"困"，直接导致乡村困境儿童学校教育精准支持从支持对象、支持方法、支持主体三个层面遭遇困境。表现为：支持对象有遗漏，支持方法欠精准以及乡村困境儿童教育精准支持是教育行政部门和学校工作的盲点和难点。

1.乡村困境儿童学校教育精准支持对象有遗漏

由于对乡村困境儿童的年龄界定不明确，对乡村困境儿童致困原因考虑不全面，对乡村困境儿童的分类还不十分清晰，使得适龄乡村困境儿童接受学校教育支持有遗漏。从乡村困境儿童的年龄界定上看，正如上文分析的那样，目前已有的对乡村困境儿童年龄的界定，无论是从国家层面还是我国部分省份，或者没有明确指出乡村困境儿童的年龄是多少，或者将乡村困境儿童的年龄界定在14周岁以下或者16周岁以下。这样的乡村困境儿童年龄的界定，导致乡村困境儿童的保障及学校教育支持的对象范围和类型因年龄边界不明确和不够宽泛而有遗漏。由于目前我国对乡村困境儿童致困原因仅归类为家庭和儿童两个层面，没有从社会、司法、学校等方面综合考虑乡村困境儿童的致困原因，使得现实的乡村困境儿童学校教育支持过程中，对那些在学业上、人际交往上、社会适应上存在困境的适龄乡村困境儿童没有纳入义务教育阶段学校教育的范围内，使得这些类型的适龄乡村困境儿童接受的学校教育被淹没在普通儿童的群体中，接受学校教育的需求与困难被忽视，特殊的、个

[①] 邓旭,马一先.困境儿童学校教育精准支持的审视与现实可能[J].沈阳师范大学学报（社会科学版），2021(2):89-94.

性化的学校教育支持被省略，造成乡村困境儿童在接受与普通儿童同质的义务教育过程中困境重重。

2. 乡村困境儿童学校教育支持方法欠精准

乡村困境儿童既是儿童，又是身处困境的儿童，因此，乡村困境儿童具有"一般儿童"和"特殊儿童"的双重属性。但是，由于我国传统儿童福利政策秉持补偿性社会救助的原则，且处于没有独立地位、长期附属于成年人的社会福利体系的状态，是一种"补缺型"的儿童福利，具有儿童的"嵌入性"属性。因此，乡村困境儿童受众的群体类型与范围有限且遵循统一的标准，并无太大的地区差异，是"标准小众"儿童福利制度。多年来，我国实行的这种依附于成年人社会福利体系的儿童福利制度，使得无论从政策导向还是理论与实践的价值取向上大多以成人视角和权利观看待乡村困境儿童，没有建立乡村困境儿童独立的身份体系，致使困境儿童特别是乡村困境儿童学校教育支持的介入不够。乡村困境儿童学校教育制度设计和政策安排还是以"户"为单位，没有精准到乡村困境儿童"个人"，没能单独地将乡村困境儿童作为精准帮扶的对象来识别和统计，尚未建立"一校一对标""一户一建档""一生一方案"的乡村困境儿童入学识别与就学安置机制，无法实现精准到乡村困境儿童"个人"的学校教育支持。已经就读的乡村困境儿童，其随班就读的范围狭窄，只限定在视障、听障及智障的乡村困境儿童；重度残障乡村儿童、重疾乡村儿童、学习困难等适龄乡村困境儿童难以进入普通学校随班就读或进入特殊教育学校接受义务教育。他们普遍面临"融合教育"难融合、"随班就读"难随班、"送教上门"难上门的尴尬境地，乡村困境儿童难以实现接受公平而有质量的学校教育支持。

3. 乡村困境儿童学校教育精准支持处于教育行政部门的盲点、学校工作的难点

从地方教育行政部门来看，乡村困境儿童学校教育精准支持的需求处于教育行政部门工作的盲点。虽然地方教育行政部门建立了适龄乡村困境儿童入学档案，但在制定各级各类学校接收困境儿童特别是乡村困境儿童接受学校教育的措施上力度不强。对普通学校的评价没有包含是否接收困境儿童以及乡村困境儿童随班就读这一评价指标，使得普通学校接收困境儿童及乡村困境儿童随班就读的态度不明朗。困境儿童及乡村困境儿童随班就读只停留在文件规定上，学校常常是持消极接纳和被动回应的态度，存在得过且过的心理，从而造成乡村困境儿童，特别是重度残疾、心理障碍等乡村困境儿童普遍存在入学难的现象。在普通乡村学校里，我们也很少看到乡村困境儿童的身影。对于这些不正常现象的习以为常和无动于衷，进一步使乡村困境儿童成为教育行政部门实施乡村困境儿童教育支持的盲点。从学校来看，乡村困境儿童学校教育精准支持的质量是学校工作的难点，面临诸多问题。如由于资金和人员所限，普通学校资源教室建设严重滞后，部分已经建成的资源教室仍是摆设，还没有开展实质性的工作；大多数普通学校主观上故意将班级里的困境儿童特别是残障儿童不纳入学校的考核评估系统；对在普通学校班级里有残障儿童的班主任教师的津贴补助也不予考虑；对需要走出校门对困境儿童进行送教上门的老师所产生的交通费用、餐食费用、外出工作补贴考虑不周，对送教上门教师的交通不便带来的安全问题保障不足及送教教师因教学任务重而无法分身等学校行政支持力度不够；对在普通学校教师的特殊教育专业技能培训重视不够等，使得已经就读的困境儿童特别是乡村困境儿童因学校教育的方法不精准，致使其就读的学校教育质量不高。从教师来看，普通学校普遍存在教师因缺乏如语言治疗、

物理治疗等特殊教育相关知识而无法充分满足特殊困境儿童接受学校教育所需要的特殊服务的现实问题；对于需要对乡村困境儿童进行送教上门的教师，遭遇因乡村困境儿童监护人能力欠缺而不配合送教教师辅导工作、因缺乏医教结合的技能而难以胜任对乡村困境儿童的心理或生理的康复训练、因乡村困境儿童进步缓慢教师难以获得成就感的尴尬境遇；部分乡村困境儿童因普通学校老师缺乏对困境儿童"一生一方案"的跟踪教育而变得学习困难、学习能力跟不上学校要求，从而渐渐被教师和同学边缘化，变成了"旁听生"，且随着年级的升高而产生焦虑、焦躁的情绪问题。

（三）乡村困境儿童乡村教育支持之"困"

由于乡村教育承担着教育"底部托起"之重任，而对乡村教育的关注又不可回避地关注乡村教育的主阵地乡村小规模学校[①]的生存与发展问题。面对乡村小规模学校的学生大多数为"走不掉、过不好、保障差"的诸如单亲家庭儿童、家庭贫困儿童、事实无人抚养儿童、孤儿、残障儿童等困境儿童[②]群体的现实，从某种意义上说，"乡村小规模学校满足了农村后20%的没有能力进城上学的弱势家庭子女的教育需求，是普及义务教育及就近入学的现实需要"[③]。因此，对乡村小规模学校的研究是

[①] 乡村小规模学校是指位于我国乡村地区，学生人数少于100人的不完全建制学校，包括村小学和教学点。

[②] 困境儿童的概念是在区别弱势儿童、留守儿童、贫困儿童的概念使用中逐渐出现的。作为困境儿童保障的纲领性政策《国务院关于加强困境儿童保障工作的意见(2016)》中，依据困境儿童"致困原因"，将困境儿童分为"因家庭贫困导致生活、就医、就学等困难的儿童，因自身残疾导致康复、照料、护理和社会融入等困难的儿童，以及因家庭监护缺失或监护不当遭受虐待、遗弃、意外伤害、不法侵害等导致人身安全受到威胁或侵害的儿童。"与弱势儿童、留守儿童、贫困儿童的概念不同，困境儿童概念的提出，使其受众对象更加广泛，类型划分标准更加明确并具有可操作性。

[③] 调研中发现，乡村小规模学校留守儿童比例为53.03%，贫困生比例为28.77%，父母离异的比例为5.43%，智力、听力、视力等残障学生比例为2.29%。转引自凡勇昆，常雪."走不掉的一代"：关注乡村小规模学校中的边缘群体.教育发展研究[J]，2017(15—16):52.

乡村困境儿童教育支持研究的逻辑起点，也是乡村小规模学校价值意蕴的应有之义。但现实中，乡村困境儿童仍然遭遇乡村教育之"困"。

1. 乡村困境儿童在乡村小规模学校萎缩中遭遇就学困难

面对乡村小规模学校里绝大多数的学生为"带不走，走不掉"的现实，面对乡村小规模学校是乡村困境儿童接受学校教育唯一且可行的途径的现实，面对国家接连颁布的关于发展与建设小规模学校的有关政策的规定和推动，乡村小规模学校的去与留已经成为无须争辩的问题。保存、建设并发展乡村小规模学校势在必行。但是，乡村小规模学校撤并政策实施十年来的影响仍在延续，部分乡村小规模学校面临资源紧缩或被关停并转，有些地方政府持有规模化办学能够提高教育效益和小规模学校的办学成本过高与教学质量不高的思路而主张撤并乡村小规模学校，忽视因撤并乡村小规模学校带来的诸如农村家庭教育负担增长、加速村庄没落、导致乡土文化消失等社会成本的增长的弊端，特别是对于"走不掉"的乡村困境儿童来说，面临就学无门的艰难境地，乡村小规模学校的恢复与重建仍将任重道远。"如 C 县，在小学合并为寄宿制学校的指导思想下，三合小学——一所抗争了六年的村校，因为大势所趋与上级意图，在教师的难舍和百姓的反对声中，最终还是于 2012 年 9 月被撤掉，百姓无奈地选择带孩子离开村寨。三年来丹寨县先后撤并村级完小 8 所，教学点 15 个"[①]。一方面，乡村小规模学校数量的减少，导致对乡村小规模学校有众多教育需求的乡村困境儿童因上学难而辍学在家。另一方面，乡村小规模学校无论从乡村学校的占比上还是小规模学校的占比上，仍然承载着乡村困境儿童接受乡村教育的重任。"到 2015 年全国乡村小规模学校数量占乡村学校总数的 55.7%，占全国小规模学校总数的 87.9%"。[②]

---

① 杨兰，张业强."后撤点并校"时代小规模学校的复兴 [J]. 教育发展研究，2014(6):69.
② 纪德奎等. 我国农村学校文化转型论 [M]. 北京：中国社会科学出版社，2017:39.

2. 乡村困境儿童在乡村小规模学校"升学至上"追求中迷失自我

乡村小规模学校办学特色是乡村小规模学校发展的核心旨趣，也是提升乡村小规模学校办学质量的突破点。但是目前的小规模学校在教学目标、教学内容、教学方法、教学组织形式上被城市教育同质化的现象趋于明显，多以城市生活经验为背景，呈现城市生活的倾向，踩着城市教育的脚印跟跄前行。"在新一轮基础教育课程改革中，课程标准的制定、教材内容的选择在一定程度上忽略了农村学校的文化现实，使农村学校处在课程改革的边缘上，甚至某种程度上成为教育改革的排除机制"①。逐渐陷入城乡教育"一体化"为城乡教育"一样化"的误区。面对乡村教育的师资不足、生源不好、质量不高的现状，对于改变乡村教育现状的路径认知也仅仅局限在帮助乡村儿童走出来，很多家庭为了能够走出农村、脱离土地进入城市生活，不惜倾尽所有供孩子读书，部分有条件的农民家庭选择自己的孩子进入教育质量优于农村教育的城市或乡镇学校就学。乡村学校的培养目标也渐渐地演变为为更高一级学校输送人才的一极化目标，而忽视了"合格公民"培养的终极目标，学校的教学目标集中在升学目标的追求，并最终达到离开农村改变农民身份的终极目标。"调查数据显示，在被调查的 3484 名农村学生家长中，92.3% 的家长最大的期望是子女毕业后能够继续升学，在被调查的 3584 名农村学生中，也有 89.2% 的学生初中毕业后的愿望是升学"②。但是现实中，农村学生升入大学的比例只有 10% 左右，这个比例低于全国高校入学率整体水平的 22%，低于大中城市的 30%—40% 的比率，更远远低于北京、上海 60% 以上的比率。因此，"目前的农村教育是围绕 10% 的孩子设计的，

---

① 数据转引自凡勇昆，常雪."走不掉的一代"：关注乡村小规模学校中的边缘群体 [J]. 教育发展研究，2017(15-16):51.

② 洪俊.农村义务教育课程改革的价值取向——兼论农村教育必须坚持为"三农"服务 [J]. 东北师范大学学报（哲学社会科学版），2006(4):136-142.

是精英教育，90% 的人在陪 10% 的人读书"①。这样的乡村教育的起点是乡土逃离，导致乡村教育的结果是农村学生对乡土社会远离，是农村学生对乡土文化的疏离。乡村教育在升学主义价值取向与升学至上的功利追求中迷失自我；在"离乡脱农"的价值取向中放弃了新时代新农村建设的自觉；在学用分离、就业无门、创业无术的尴尬境地中失去了职业技能教育的坚守。乡村教育逐渐脱离乡土文化这个厚重的土壤并逐步向城市化靠拢，乡村学校乡土教育价值逐渐消退，农村学生在乡村教育与城市教育的交融与碰撞中迷失自我，失去了对乡村文化的认同与自信，早已与乡村文化断裂了的学生无法完全融入城市生活，处于既无法回到农村又很难融入城市的尴尬境地。

3. 乡村困境儿童教育精准帮扶若有若无

从困境儿童精准帮扶的政策支持来看，困境儿童分类保障政策的相关规定已经初露端倪。《民政部关于进一步开展适度普惠型儿童福利制度建设试点工作的通知》中提出的"分层推进、分类立标、分地立制、分标施保"的原则和要求，进行"分层次、分类型、分标准、分区域"的政策设计，为困境儿童保障"分类施策"提供理论与行动框架，进行"精准帮扶与保障"。但是，已有困境儿童分类保障政策还存在困境儿童分类保障的标准陈旧，分类保障政策对象有遗漏，分类保障政策重心过高等弊端。长期以来，我国儿童福利长期依附于成年人的社会福利体系，导致对困境儿童的保障与救助以"户"为单位，没有精准到儿童"个人"；现有政策保障覆盖的儿童类型以"孤儿、残疾儿童、流浪儿童"为主要服务对象，对于心理障碍儿童、学习困难儿童、事实无人抚养儿童、社会适应困难等困境儿童没有纳入政策保障范围；政策设计多注重救助

① 解飞厚. 基础教育要为建设新农村培养新农民 [J]. 湖北大学学报 (哲学社会科学版)，2006(4):394-395.

等恢复性功能而较少关注权利维护、教育支持等体现发展性功能的内容设计，难以实现对困境儿童的"精准帮扶"。

从困境儿童特别是残障困境儿童的教育支持来看，我国已建立了特殊学校、随班就读、送教上门等多种形式的教育支持，其中乡村小规模学校发挥着乡村残障困境儿童接受义务教育的重要作用。"儿童们学会了在一般课堂中很难获得的人生一课。他们认识与学习到社会中存在差异，在社会上有不同于自己的社群，并在与他们的相处中，学习了对少数不同于'我们'的群体接纳、关心、包容，并学会照顾这些特殊儿童。这群特殊儿童即使上完小学，也许无法完全获得最基本的听说读写能力，但在学校期间他们学会了最基本的生活技能、社会交往及情绪表达。一个远离县城、缺乏无障碍设施的农村学校，默默地、实实在在地走出了中国农村学校随班就读政策的中国故事"[1]。

但目前我国义务教育阶段的特殊学校只有盲校、聋校、培智学校三类，尚未覆盖全部残疾类型，还有因各种原因无法进入特殊教育机构或接受随班就读的残疾儿童；在特殊教育学校师生比约为 12.7 ∶ 1 的现实困境下，对于绝大多数重症残疾儿童提供专业的送教上门服务更是一种奢望。出现"诸如重病儿童、残疾儿童、心理障碍儿童等困境儿童还面临入学难，残疾儿童入学后教育质量不高，普通学校与特殊教育学校教材不能很好地衔接，特殊教育专业人员与普校教师合作不够等问题。以及对随班就读学生的跟踪教育和教学辅助手段缺失，部分随班就读学生在班级成为旁听生，随着年级的升高，学习能力跟不上普通教育的要求，容易产生焦虑、情绪障碍等心理问题"[2]。而且由于随班就读教师特殊教育相关知

---

[1] 韩嘉玲.小而美：农村小规模学校的变革故事 [M].北京：教育科学出版社，2019:40-41.

[2] 邓猛.融合教育背景下中国特殊教育体系发展研究 [M].南京：南京师范大学出版社，2016:116-135.

识的缺乏，教师资源建设不足，随班就读中困境儿童所需要的诸如语言治疗、物理治疗等特殊教育服务得不到充分满足，使得随班就读在很多省份只停留在文件上，普通学校里找不到残障学生，随班就读变成了"随班就座""随班混读"。对于严重的智力残疾儿童、重度及多重残疾等困境儿童，因学校缺乏足够的资源和专业能力而不能为他们提供"送教上门"教育服务。

三、乡村困境儿童教育精准支持研究的文献综述

本书的主题是"乡村困境儿童教育精准支持研究"。主要内容包括三部分，分别从理论层面的分析框架建构和范畴提炼、政策层面的政策内容的审视与推进、通过实地调研的案例研究呈现实践层面的现实遭遇，研究乡村困境儿童教育精准支持问题。因此，通过输入关键词"困境儿童""教育支持""困境儿童政策""教育支持"以及"教育精准扶贫"等关键词进行检索。文献综述包括乡村困境儿童及其教育支持政策研究；乡村困境儿童及其教育精准支持研究；乡村困境儿童及其教育支持的案例研究三个部分。

（一）乡村困境儿童及其教育支持政策研究

1. 困境儿童及其教育支持政策的历史研究

有学者用历史的视角对困境儿童政策进行梳理、反思与展望。如赵川芳（2014）通过对近30年儿童保护立法政策的梳理，找到儿童保护立法政策的特点并发现儿童保护政策存在的现实问题；[1] 彭霞光（2014）分析了特殊教育历史发展脉络，对特殊教育政策、特殊教育发展现状进行梳理，分析特殊教育存在的问题，并提出特殊教育政策未来发展建议；[2]

---

[1] 赵川芳. 近三十年来儿童保护立法政策综述 [J]. 社会福利（理论版），2014(7):56-63.
[2] 彭霞光，齐媛. 提高特殊教育发展水平的政策建议 [J]. 中国特殊教育，2014(12):3-8.

冯元等（2014）采用文献法对近 30 年中国流浪儿童教育支持政策研究发展脉络进行分析，认为当前的流浪儿童教育支持政策体系已经初步建立，但普遍缺乏可操作性，导致流浪儿童始终排斥在正式教育制度之外。今后要加强流浪儿童教育政策研究和倡导，促进系统性与操作性强的流浪儿童教育政策的制定与实施；[1] 高丽茹等（2015）运用主题关键词内容分析方法梳理改革开放以来中国困境儿童政策研究发展轨迹，并指出未来困境儿童政策研究转向困境儿童需要、家庭与国家责任、社会福利政策等方面；[2] 乔庆梅（2018）回顾我国残疾儿童福利制度发展历程，指出我国残疾儿童福利经历了从项目向制度、从政府向社会、从选择向普惠的发展路径；[3] 陈云凡等（2018）梳理了我国残疾儿童义务教育政策的发展历程，指出残疾儿童义务教育发展中存在的现实问题，分析了产生问题的原因，为残疾儿童义务教育政策的发展提出了建议。[4]

2. 困境儿童及其教育支持政策的现状、问题和改进研究

杨生勇（2005）指出，我国农村孤儿的社会政策经过了从救助制向福利制的转变过程，目前进行的农村税费改革给农村孤儿的社会政策变为完全福利制提供了有利的条件和机遇。但需要从观念、制度、环境等方面进行全面的配套改革，才能推动农村孤儿完全福利制的实现；[5] 刘继同（2007）认为，应建立以儿童需要为本的儿童福利理论为支撑，建构

① 冯元，彭华民.近 30 年中国流浪儿童教育研究述评 [J].中国特殊教育，2014(3):54-61.
② 高丽茹，彭华民.中国困境儿童研究轨迹:概念、政策和主题 [J].江海学刊，2015(4)1:11-117.
③ 乔庆梅.中国残疾儿童社会福利:发展、路径与反思 [J].社会保障评论，2018(3):123-132.
④ 陈云凡，周燕.以需要为中心:中国残疾儿童义务教育政策创新研究 [J].贵州师范大学学报 (社会科学版)，2018(3):25-34.
⑤ 杨生勇.我国针对农村孤儿的社会政策变迁及调整对策 [J].中国青年政治学院学报，2005(6):138-142.

基于我国具体社会经济文化条件的现代儿童福利政策框架体系；[①]张卫英
（2008）认为，我国虽然有保护孤儿、弃婴、残疾儿童的相关制度，但
是缺乏保护法律孤儿的相关立法，导致我国法律孤儿社会救助严重不足；[②]
薛在兴（2009）指出，教育政策不合理是流浪儿童遭受教育排斥的主要
因素；[③]郑功成（2010）提出，制定特殊区域教育专项政策，为农村、贫
困、少数民族等地区发展研制专门的政策；[④]于素红（2012）认为，目前
随班就读支持政策存在缺乏明确的权责划分、缺乏对残疾儿童少年进行
评估与鉴定的明确规定、缺乏对残疾学生家长权利的规定、缺乏为特殊
儿童制定个别教育计划方面规定的弊端；[⑤]柏文涌（2013）认为，我国已
有的各级困境儿童保护救助机构和人员未能达到规定要求，民间各级各
类救助组织面临重重困难，并提出设立专门的儿童工作机构，探索建立
困境儿童分类保障制度和城乡儿童福利督导制度，逐步实现儿童福利制
度由补缺型向适度普惠型转变；[⑥]孟超（2013）通过分析河南省事实无人
抚养儿童保护政策及现实中存在的问题，提出应完善相关法律规定，明
确政府、家庭对于困境儿童的不同监护责任。从儿童优先、儿童权益最
大化的角度行使政府责任；[⑦]王琪（2014）认为，虽然我国已初步建立了
儿童保护体系，但现实生活中，却不得不经常面对儿童权益受损却无能
为力的尴尬局面。作为儿童，由于年龄原因没有能力和意识明确表达自

① 刘继同，郭岩．整合儿童健康与儿童福利：重构中国现代儿童福利政策框架 [J]．学习与实践，2007(2):100-108.

② 张卫英，陈琰．国家机关在法律孤儿社会救助中的作用 [J]．中国青年政治学院学报，2008(4):34-37.

③ 薛在兴．流浪儿童问题研究述评 [J]．中国青年政治学院学报，2009(6):17-22.

④ 郑功成．社会保障学 [M]．北京：中国劳动社会保障出版社，2010:371.

⑤ 于素红，朱媛媛．随班就读支持保障体系的建设 [J]．中国特殊教育，2012(8):3-8.

⑥ 柏文涌，黄光芬，齐芳．社会管理创新视域下困境儿童救助策略研究——基于儿童福利理论的视角 [J]．云南行政学院学报，2013(2):137-140.

⑦ 孟超．河南省事实无人抚养儿童面临的困难及政策建议 [J]．中国民政，2013(7):53.

身的诉求，也不能保护自己的合法利益，只能依赖社会给予的帮助。所以，对于儿童权利的保护应该独立于成年人，应尽快建立专门以《儿童福利法》为核心的儿童保护法律体系，从制度的层面保护儿童的利益；①汤秀娟（2014）认为，应完善《未成年人保护法》《义务教育法》和《城市生活无着流浪乞讨人员求助管理办法》，将流浪儿童教育发展规划、经费投入、机构设施建设、专业人员配置等内容纳入相应的法律规范之中；②冯元等（2014）指出，应倡导相应的教育政策或提供直接教育服务以改进家庭、学校和社区教育，预防儿童流浪。同时，要加强流浪儿童回归家庭、社区与学校的教育融合研究，提供相应的政策建议和教育服务，帮助回归儿童获得优质教育；③张天雪等（2014）认为，困境儿童大病重病相关医疗政策等的研究较为丰富和完整，但是儿童救助、儿童司法保护、儿童文娱等政策领域的研究较为缺乏。认为，儿童权利和保护政策仍然需要政府、家庭、学校以及社会力量的共同努力和推进，可以通过学者、学校、家长的建言献策，政府政策的出台共同促进儿童保护政策体系网络化，全方位保障困境儿童和弱势儿童权益；④乔东平（2015）认为，困境儿童保障政策还未能涵盖所有类型的困境儿童。目前困境儿童的保障主要采取现金保障的形式，缺乏服务保障，对于困境儿童及家庭的一些服务型需要还无法满足；缺乏可以服务于困境儿童的专职人员和救助人员，不专业的操作导致困境儿童保障机制难以落实到位；⑤闫红丽（2015）指出，从法律制度来看，我国现行法

①王琪.“困境儿童”的救助——以“儿童福利法”为视角 [J].法治与社会，2014(27):200-202.

②汤秀娟.流浪儿童协同教育的缺失与重构 [J].大连大学学报，2014(6):123-127.

③冯元，彭华民.近30年中国流浪儿童教育研究述评 [J].中国特殊教育，2014(3):54-61.

④张天雪，黄丹.2013年度中国儿童政策研究述评 [J].浙江师范大学学报(社会科学版)，2014(5):48-52.

⑤乔东平.困境儿童保障的问题、理念与服务保障 [J].中国民政，2015(19):23-25.

律在服刑人员未成年子女权利保护和救助方面还处于缺位运行状态，制度建设尚处在无法可依的窘境。这就导致了在救助过程中相关责任部门可能出现互相推诿，救助力度不到位等问题；[①] 李拉（2015）从提高随班就读质量，强化随班就读支持、重视政策执行，完善制度建设、构建随班就读宏观发展策略等方面对随班就读政策提出改进建议；[②] 赵川芳（2015）认为，残障儿童作为儿童中的特殊群体，其生活、医疗、康复、教育等方面更需国家立法政策给予强力的保障与支持；[③] 高丽茹等（2015）认为，困境儿童福利和社会福利政策的发展密切相关。困境儿童福利发展中政府的角色和责任必须通过社会福利政策来体现，困境儿童福利服务的提供、评估、问责等需要有细化政策；[④] 行红芳（2016）认为，当前的困境儿童分类保障制度仍有不足：由于当前并没有一个全国统一的困境儿童分类保障制度，金钱救助的模式难以满足困境儿童及其家庭的真实需求，针对困境儿童及其家庭提供的医疗救助与康复方面的保障无法实现常态化，还应该增加服务形式保障条例；[⑤] 王培峰（2016）认为，特殊教育政策存在教育政策类型结构失衡，教育教学政策和财政政策相对滞后，特殊教育具体政策与基本政策倒置，具体政策严重短缺，特殊教育总政策规范分散以及义务性规范和授权性规范失衡等问题；[⑥] 冯雅静（2017）对我国当前普通教师特殊教育素养培养的相关政策进行分析，指出普通教师特殊教育素养的培养已成为提升我国随班就读质量提升的重要举措，有

[①] 闫红丽.服刑人员未成年子女社会救助政策研究 [D].西北农林科技大学，2015:5.

[②] 李拉.我国随班就读政策演进30年：历程、困境与对策 [J].中国特殊教育，2015(10):16-20.

[③] 赵川芳.近30年来残障儿童立法政策综述 [J].当代青年研究，2015(4):124-128.

[④] 高丽茹，彭华民.中国困境儿童研究轨迹：概念、政策和主题 [J].江海学刊，2015(4):111-117.

[⑤] 行红芳.困境儿童分类保障制度建构路径探析 [J].中州学刊，2016(8):62-67.

[⑥] 王培峰.我国特殊教育政策：总体结构及其问题——基于特殊教育政策文本的分析 [J].基础教育，2016(2):11-20.

关政策出台时间间隔逐渐缩短，相关要求有所丰富且日渐正规化，但政策存在强制性、具体性和可操作性不足等问题；[①] 周蕴等（2017）利用知识图谱分析方法，对我国特殊教育政策研究热点进行可视化研究，对未来特殊教育政策研究的拓展领域和研究空间进行展望；[②] 武艳华等（2018）通过分析困境儿童社会保障政策，认为现有的困境儿童政策只能满足困境儿童的基本生存需求，无法满足残病儿童长期治疗的需求和经济贫困儿童的发展性需求。这昭示着困境儿童的社会保障政策必须向发展性保障政策转型，以满足不同类型困境儿童不同层次的需求；[③] 黄春春等（2018）认为，目前随班就读政策存在方法可操作性不强，政策内容比较模糊、笼统，多是倡导性和原则性的提法，实际操作性不强等问题；[④] 郑伟等（2019）通过分析我国现行的融合教育政策，提出相关政策法规都以提高特殊儿童入学率为主要目标，特殊儿童能否在普通教室接受适当的教育被忽视。[⑤]

3. 困境儿童及其教育支持政策的比较研究

乌云特娜等（2008）通过分析俄罗斯孤儿安置政策，指出俄罗斯通过物质援助、政策扶持、法律保障和教育实践提升了孤儿生存和发展的质量，为实现社会公平与社会秩序的目标提供了保障，对我国孤儿安置问题提供了借鉴；[⑥] 钱丽霞（2009）介绍了美国、英国、澳大利亚、新加坡、南非等国家实施全纳教育的国家政策，旨在为我国寻求全纳教

① 冯雅静. 我国关于普通教师特殊教育素养培养的政策支持 [J]. 中国特殊教育，2017(3):28-31.

② 周蕴，祁占勇. 我国特殊教育政策研究热点的知识图谱分析 [J]. 现代特殊教育，2017(80):7-14.

③ 武艳华，周辉. 困境儿童的福利需求、救助不足与保护机制研究——基于困境儿童的类型化分析 [J]. 社会工作与管理，2018(3):59-66.

④ 黄春春，唐如前. 随班就读支持保障体系问题及对策 [J]. 湖南科技学院学报，2018(4):132-134.

⑤ 郑伟，张茂聪，王培峰. 新中国成立以来我国融合教育的实践理路——基于政策文本的分析 [J]. 中国特殊教育，2019(1):3-10.

⑥ 乌云特娜，朱小蔓. 当前俄罗斯孤儿安置政策分析 [J]. 教育研究，2008(04):89-94.

育推进策略提供借鉴；^① 陶冶（2015）梳理了美国困境儿童福利保障制度的发展历程、内容以及评价，对我国困境儿童保障提出政策建议；^② 张彩云等（2016）通过对发达国家贫困地区教育支持政策进行分析，发现发达国家贫困地区教育支持政策在经费投入上，实行差异性的经费分配机制；在师资配置上，采取优惠政策、交流轮岗、定向培养等多种措施；在扶贫监管上，实施绩效管理模式和行动计划管理模式。并鉴于发达国家的经验，提出我国推进教育精准扶贫应加强立法，为贫困地区教育发展提供强有力的法律保障；实施差异性的经费分配制度，建立贫困学校进入和退出机制，确保扶贫资金使用和扶贫对象精准；加强对教师的人文关怀，确保师资保障精准；完善教育扶贫项目的监管制度，实行分层评估，确保扶贫成效精准等措施；^③ 杨思帆等（2016）从政策理念、政策设计、政策实施、政策保障、政策效果等维度，比较美国、印度和中国处境不利儿童的教育补偿政策，发现其相同性和差异性；^④ 郅玉玲（2017）指出，瑞典、芬兰、英国、美国、日本等发达国家都通过立法明确困境儿童保护的相关权益。^⑤

（二）困境儿童及其教育支持研究

1. 政府层面

成海军等（2012）认为，转型期的我国儿童福利领域中，包括孤残儿童、重症儿童、留守儿童等在内的困境儿童数量已经破亿。而儿童福利水平

① 钱丽霞. 全纳教育：历史演进与实施政策 [J]. 中国特殊教育，2009(1):20-24.

② 陶冶. 美国的困境儿童福利保障 [J]. 中国民政，2015(19):60-62.

③ 张彩云，傅王倩. 发达国家贫困地区教育支持政策及对我国教育精准扶贫的启示 [J]. 比较教育研究，2016(6):77-83.

④ 杨思帆，杨晓良. 处境不利儿童教育补偿政策比较研究——以美国、印度、中国三国为例 [J]. 现代教育管理，2016(12):119-123.

⑤ 郅玉玲. 发达国家困境儿童保障经验阐释 [J]. 青年学报，2017(1):81-84.

无法满足不断增长的困境儿童数量，仍有许多缺漏；[①] 江治强（2014）认为，国家应该建立一套完善的儿童保护机制，其中应该包括如何预防社会风险以及如何弥补家庭功能缺失等；[②] 章程等（2015）提出，增强政府投入力度，提升残疾儿童社会保障水平，扩大残疾儿童社会保障覆盖面；有效调整残疾儿童社会保障的资源配置，促进社会公正；充分利用家庭保障资源，建设针对残疾儿童家庭需求的综合服务体系，以满足残疾儿童及其家庭的经济与服务需求，为残疾儿童追求更高层次的生存与发展提供保障；[③] 赵小红等（2014）通过分析特殊教育学校经费投入与支出状况，认为在稳定特殊教育学校经费投入的同时，落实对普通学校开展特殊教育、残疾学生随班就读的财政性经费投入势在必行；[④] 张志军（2016）认为，对困境儿童的救助工作主要依靠民政"低保"兜底，将符合条件的困境儿童纳入城乡"低保"范围并分类施保。但是，相对于困境儿童在生活、学习、医疗方面的开支，政府投入还显不足，更有部分困境儿童因硬性条件不达标而未被纳入城乡最低生活保障，提出应该针对困境儿童制定专门的纳入计划；[⑤] 伏金芳（2016）认为，加强政府对智障儿童学校的建设，为农村智障儿童提供教育机会；重视对特殊教育教师的培训，提高特教老师的专业知识和能力；成立智障儿童家长互助小组，加强非正式支持系统对于家长的支持；重视和提高智障儿童教育地位，提高整个社会对于智障儿童教育重要性的认识；[⑥] 王宁（2016）认为，关于特殊

① 成海军，朱艳敏. 社会转型视阈下的普惠型儿童福利制度构建 [J]. 学习与实践，2012(8):85-96.

② 江治强. 中国儿童福利体系及其构建 [J]. 社会福利（理论版），2014(12):40-46.

③ 章程，董才生. 家庭需求视角下中国残疾儿童社会保障研究 [J]. 河北学刊，2015(3):199-203.

④ 赵小红，王丽丽，王雁. 特殊教育学校经费投入与支出状况分析及政策建议 [J]. 中国特殊教育，2014(10):3-9.

⑤ 张志军. 巴中市困境儿童生存现状及对策思考 [N]. 中国社会报，2016-4-1.

⑥ 伏金芳. 农村智障儿童教育支持研究——以临沂市天缘益智培训学校为例 [D]. 安徽大学，2016.

儿童家庭的相关补偿政策不够完善，提供补偿的机制和设施不足，政府对于特殊儿童群体的家庭补助仅仅停留在基本的物质层面，没有涉及对家庭其他层面的需求满足，致使许多家庭不能得到有效的帮助；[①] 袁国等（2018）提出，要根据孤儿学生特点，从建立机制、保障生活、结对帮扶、情感抚慰、职业规划五方面探索孤儿高等职业教育管理与服务工作体系，以期切实推进孤儿学生学有所成，有效融入社会；[②] 武艳华等（2018）以残病儿童、家庭非完整性儿童和监护不力儿童、经济贫困等困境儿童不同需求的视角，提出困境儿童的救助不仅要满足困境儿童的普遍性需求，同时还要针对困境儿童类型的特点，重点满足其个性化与特殊性的需求，以达到既能托底保障，又能满足困境儿童发展性与个性化需求的目的；[③] 赵元功（2018）通过实地走访调研，以问卷调查的形式对部分困境儿童及监护人生存现状和救助情况的调查，提出针对困境儿童这一特殊群体的相关救助策略，以期为困境儿童的救助水平的提高，儿童福利体系的完善提供参考和建议。[④]

2. 学校层面

崔丽娟等（2007）认为，由于学校教育中存在的不足和家庭教育功能的变迁以及社会教育中的偏差，使得困境儿童面临严重的教育困境，解决这一问题可以从留守儿童、乡村社区、学校，三位一体的教育模式入手，所以改变城乡二元经济和社会管理机制无疑是解决困境儿童教育问题的根本途径；[⑤] 王辉等（2009）认为，目前我国对孤独症儿童的评估工具缺乏，

[①] 王宁.现代美国儿童教育福利政策研究[D].东北师范大学，2016:8.

[②] 袁国，程静，贾丽彬.孤儿高等职业教育管理与服务存在的问题及对策探析[J].教育与职业，2018(6):109-112.

[③] 武艳华，周辉.困境儿童的福利需求、救助不足与保护机制研究——基于困境儿童的类型化分析[J].社会工作与管理，2018(3):59-66.

[④] 赵元功.福利制度理论下困境儿童生存现状及救助研究[D].江西农业大学，2018:5.

[⑤] 崔丽娟，郝振.农村"留守儿童"教育困境的反思及对策研究[J].全球教育展望，2007(11):81-85.

国内许多针对孤独症儿童的康复训练机构和特殊学校没有一套完备的评估量表，虽然有使用国外引进的评估工具，但并不是完全针对我国的孤独症儿童制定的，因此不是完全符合我国的儿童使用，并且无法做出专业判断。相对来说，国外对特殊儿童的评估工作做得较好；[①] 刘明等（2009）认为，发达国家形成了一套系统而且完善的操作流程用于特殊儿童的评估，并且具有专业的评估机构，配备了专业的工作人员，他们在特殊儿童的教育和评估活动中互相协作，又互相制约；[②] 尹海洁等（2010）认为，当前我国特殊教育师资主要有数量匮乏、教育教学能力与经验匮乏、资质偏低及自我效能感不足的问题，对于特殊学校的发展也产生了一定的限制；[③] 邓纯考（2012）在对浙南 R 市的调查中发现，学校对留守儿童进行专门的心理辅导的行为是几乎没有的，并没有更多地表现出对留守儿童的关注。甚至少数教师在不自觉、无意识地用教育差生的办法来对待留守儿童，对于留守儿童而言，这是不公平的待遇，因为留守儿童群体并不等于差生群体；[④] 马庆霜（2013）认为，困境儿童的最大困境是失学现象严重，得不到良好的教育；[⑤] 彭霞光（2013）认为，乡村特殊学校很难提高招生规模，受限于乡村地区的观念以及经济条件的影响，目前我国大多数县镇的特殊学校的招生目标无法实现，省市级的特殊学校招生尚且不过一百人左右，许多小规模的县镇特殊学校只能招收二三十个残疾儿童，许多乡村家长并不会将孩子送到特殊学校进行学习。如果招不到学生，即使政府每年大幅度提高对残疾儿童的生均补助，也很难保证

---

① 王辉，李晓庆，李晓娟. 国内孤独症儿童评估工具的研究现状 [J]. 中国特殊教育，2009(7):54-59.

② 刘明，邓赐平. 英美特殊儿童评估现状及启示 [J]. 中国特殊教育，2009(9):14-15.

③ 尹海洁，庞文. 我国特殊教育师资的发展瓶颈与对策 [J]. 中国特殊教育，2010(3):58-62.

④ 邓纯考. 农村留守儿童社会化困境与学校教育对策——对浙南 R 市的调查与实践 [J]. 浙江社会科学，2012 (5):78-85.

⑤ 马庆霜. 探索凉山贫困地区困境儿童救助模式 [J]. 西昌学院学报，2013(4):33-35.

特殊学校的运转；[①] 张志军（2016）认为，我国中西部地区的特殊学校建设还有很长一段路要走，应该争取特殊学校在地级市、县、区都得到普及；[②] 赵珂等（2016）认为，教学点的师资力量极为薄弱，教学质量低下、群众不满、生源流失严重；[③] 兰亭序（2017）指出，应通过学校等部门保障事实无人抚养儿童享有同等受教育权，通过政府部门等相关机构引导事实无人抚养儿童确立正确的受教育思想等方式，保障事实无人抚养儿童受教育权。[④]

3. 家庭层面

张凡（2001）认为，家庭寄养模式应该作为除领养模式以外的儿童保障工作中更为理想的模式。开展残疾儿童康复项目以及促进儿童保障工作和社区服务的结合；[⑤] 陈香等（2009）认为，留守儿童的许多祖辈的受教育程度不高，只能尽力完成监管孩子的责任，缺乏与现代发展相结合的教育理念，使得困境儿童由于父爱母爱的缺失，内心深处一般都有较强烈的孤独感和焦虑感，长此以往会产生情感淡漠、缺乏安全感等心理问题，难以产生对外界探索的好奇心，更不愿意敞开心扉进行沟通；[⑥] 王凯（2009）通过调研结果表明，困境儿童家庭用于医疗和教育的支出占总支出的48.8%，温饱、教育、医疗构成"低保家庭"支出的主要项目；[⑦] 付光槐（2012）归纳出三种当前困境儿童的生存状况：一是缺乏良好的生活质量，如寄宿学校缺乏基本的寄宿条件，没有专门的盥洗室等；二

① 彭霞光. 中国特殊教育发展现状研究 [J]. 中国特殊教育，2013(11):3-7.
② 张志军. 巴中市困境儿童生存现状及对策思考 [N]. 中国社会报，2016 -4-1.
③ 赵珂，曾薇. 教育资源不公平配置对农村教育精准扶贫的影响——基于江西省 R 县的调查研究 [J]. 老区建设，2016(10):17-19.
④ 兰亭序. 事实无人抚养儿童保护问题研究 [D]. 湖南师范大学，2017:8.
⑤ 张凡. 儿童福利事业的定位与发展 [J]. 中国民政，2001(3):21-22.
⑥ 陈香，侯云贵. 农村留守儿童的生存困境——河北坝上留守儿童生存现状调查数据解读 [J]. 河北北方学院学报，2009(2):28-31.
⑦ 王凯. 城市低保家庭教育救助问题研究 [D]. 河南大学，2009:22.

是亲情关系的缺失，如留守儿童与自己的父母之间缺乏沟通，或者根本不进行沟通；三是学习状况欠佳，如一些孩子几乎不学习，因为家庭监督的缺失，他们将大量的时间花在了游戏上，成绩陡然下降或者一落千丈；[1] 黄春梅（2012）认为，不完整的家庭结构，经常上演的家庭暴力，不和睦的家庭关系以及父母不当的教养方式导致困境儿童普遍缺乏安全感或者具有暴力情绪；[2] 黄晓燕(2015)认为，家庭支持可以分为三个层面，政府层面、社区层面和家庭层面。政府层面的支持具有一定的政治性和意识形态性，目的是通过支持家庭来降低更高的后期成本，能够改善困境儿童生活状况的一些根本性的政策。对于困境儿童和困境家庭儿童的支持，是需要多个层面共同融合作用支持才能真正提升困境儿童及其家庭的生活质量和社会福利；[3] 刘欣欣（2015）指出，在乡村贫困的家庭中，由于父母身体上的残疾或者家庭突遇的变故，以及养育残疾儿童等导致家庭陷入更加贫困的困境，许多儿童的基本需求都得不到满足，更无法接受教育最终导致更加赤贫；[4] 赵佳佳（2015）认为，中国社会普遍存在的家庭儿童观，为那些辱骂、殴打甚至是虐待儿童的监护人提供了一个冠冕堂皇的理由，认为孩子是自己的，自己有所谓"教育"他们的权利，陈旧的理念完全忽视了儿童在家庭中享有的权益；[5] 张斌（2015）认为孤儿是社会上最困难、最弱小的群体之一，由于家庭生活缺失这种特殊的成长经历，他们人生的每一步都充满了倍于常人的坎坷和艰辛。并通过分析和研究（2014）深圳市孤儿的生活状况，提出尽快采取政策措施妥

[1] 付光槐. 农村小学留守儿童生存困境的现状与对策研究——以薛坪镇果坪中心小学为例 [J]. 基础教育，2012(4):101-105.

[2] 黄春梅. 困境儿童源头预防工作探索 [J]. 长沙民政职业技术学院学报，2012 (4):26-27.

[3] 黄晓燕. 家庭支持视角下的困境儿童服务融合路径探讨 [J]. 中国民政，2015(19):26-28.

[4] 刘欣欣. 青岛市儿童福利院——探索困境儿童社会工作新路径 [J]. 社会福利，2012(8):37-38.

[5] 赵佳佳. 我国困境儿童救助问题及其对策研究 [J]. 法制与社会，2015(20):174-175.

善安置成年孤儿；①赵川芳（2015）指出，对于家庭功能完整的残障儿童，应完善以残障儿童家庭为保护主体的相关政策法规，并推进具有实施性、操作性的具体保护措施的落实，从医疗康复保障、物质资助、心理援助、社会融入等方面给予残障儿童及其家庭应有的帮扶爱护；②华红琴（2015）认为，大多数生理性困境儿童的父母会比普通孩子的父母要承受更多的心理压力和精神困扰，一方面希望孩子通过治疗恢复健康，另一方面又无法承担经济压力，这类家庭普遍幸福感较低；③季彩君（2016）通过实证研究说明许多作为临时监护人的隔代监护人或亲戚朋友，他们只是能保证孩子的基本生活，在学习方面并没有投入更多的精力，更妄论关注这些孩子心中承受的压力和面临的挫折；④兰亭序（2017）指出，虽然，受教育是事实无人抚养儿童较高的心理诉求，但政府、社会和亲属在教育方面的保护供给却相对不足，这也是推进事实无人抚养儿童保护的重要着力点。⑤

4. 社会层面

张茂林等（2009）对康复机构的调查中发现，在参与调查的 33 家康复机构中，有 28 家康复机构表示会结合评估工具对困境儿童进行康复训练，这 28 家康复机构的康复人员有七成以上的人员接受了专业培训。但是，仍有三成的康复机构的康复人员完全没有接受过专业培训；⑥谢琼（2010）认为，对于流浪儿童保护，在现有救助站的基础上形成流浪儿

① 张斌. 尽快采取政策措施妥善安置成年孤儿 [N]. 中国社会报，2015-9-21.

② 赵川芳. 近 30 年来残障儿童立法政策综述 [J]. 当代青年研究，2015(4):124-128.

③ 华红琴. 论残障儿童家庭支持性福利政策与服务体系建设 [J]. 社会建设，2015(2):24-35.

④ 季彩君. 基于实证调查的留守儿童教育支持研究——以苏中 X 地区为例 [J]. 全球教育展望，2016(3):34-47.

⑤ 兰亭序. 事实无人抚养儿童保护问题研究 [D]. 湖南师范大学，2017:48.

⑥ 张茂林，陈琳，王辉，李晓庆. 国内康复机构自闭症儿童评估情况调查与分析 [J]. 中国特殊教育，2009 (8):35-38.

童救助网络，真正确保流浪儿童在任何时候、任何地点流浪时能够找到庇护场所；[1] 尚晓媛等（2014）认为，承接困境儿童救助的社区工作部门将大量人力物力财力花费于应付上级的检查、考核和评比工作中，甚至没有时间深入地了解社区中困境儿童的真实情况，对于困境儿童的救助具有较大的缺漏；[2] 赵川芳（2014）认为，儿童保护工作之所以呈现出专业性、系统性、规范性较弱的问题，主要缘于一是我国社会救助工作开始的时间较短，普及率较低，很多工作者对于自身工作不甚了解，缺少对社会救助工作的认知度；二是没有专业的儿童保护工作队伍，在儿童福利服务和保护的工作中陷入了"心有余而力不足"的尴尬境地；[3] 沈进兵（2014）认为，社区教育作为现代教育社会化的新型教育模式，能够为城市弱势群体接受继续教育、获得自我发展能力提供有力保障。因此，大力发展社区教育，进一步加强政府统筹规划和有效干预，充分发挥社区人文关怀的凝聚作用，设置切合实际需求的教学内容以及促成社区教育发展合力，是实现城市弱势群体教育支持的有效途径，也是最终从根本上解决城市弱势群体问题的重要保障；[4] 刘世宝（2014）对流浪儿童的群体特征和成因进行研究，对流浪儿童救助的各个阶段进行了分别讨论；[5] 李莹等（2015）认为，在孤儿与弃婴养护制度方面，应当完善家庭收养的服务供给结构，提高家庭收养服务的专业化程度，明确政府责任边界。加大儿童福利机构的基本设施建设和财政投入，鼓励机构养护的创新发展，不断提升养护人员素质和服务质量；[6] 薛芳洁（2017）认为，民间公

[1] 谢琼 . 流浪儿童救助：政策评估及相关建议 [J]. 山东社会科学，2010(1):38-43.

[2] 尚晓援，虞婕 . 建构"困境儿童"的概念体系 [J]. 社会福利（理论版），2014(6):5-8.

[3] 赵川芳 . 儿童保护的现实困境与路径选择 [J]. 社会福利（理论版），2014(5):50-54.

[4] 沈进兵 . 社区教育：实现城市弱势群体教育支持的有效途径 [J]. 当代继续教育，2014(6):39-42.

[5] 刘世宝 . 我国流浪儿童救助问题研究——基于福利多元主义视角 [D]. 天津财经大学，2014:14-16.

[6] 李莹，韩克庆 . 我国困境儿童托底性保障制度的建构 [J]. 江淮论坛，2015(5):119-126.

益组织在救助过程中主要存在因政府部门限制和介入过多，筹款渠道和方式严重受限而受到居民的拒绝和抵制；[①]杨克瑞（2018）建议通过加强政府购买特殊教育服务的方式，或者出台民办特殊教育学校发展的专项措施，以及鼓励民办学校招收残疾学生等政策，积极支持民办特殊教育学校的发展，充分调动特殊教育发展的社会力量与培育市场机制。[②]

（三）困境儿童及其教育支持的调查研究

赖素莹（2006）以湖北省黄陂、安陆农村孤儿调查为例，对农村孤儿生活状况和需求进行调查研究，以了解农村孤儿生活状况和各方面的需求；[③]陈晨（2013）基于10省市儿童福利机构的调查数据分析，对儿童福利机构的孤儿心理需求、价值取向、未来规划等方面进行了调查。结果发现，年龄较小的孤儿更容易产生孤独感，更需要得到父母的关爱，要及时关注并干预，防止他们产生错误的生活观念，应积极鼓励他们以进取、务实的心态规划未来；[④]周霞（2012）根据义务教育均衡发展的现实需要，从教育机会、资源配置和教育结果三个方面对湖南省特殊儿童义务教育均衡发展的现状进行剖析；[⑤]冯元（2013）将研究视角对准流浪儿童的需求问题，以需求理论、福利理论等为理论基础，通过实地调研，对流浪儿童未来救助模式的发展进行探讨；[⑥]袁晓冰（2015）以太原市流浪儿童为调查对象，认为当前流浪儿童救助模式还存在一定的缺陷。应该通过借鉴发达国家的救助模式，建立一套适合我国使用的流

① 薛芳洁. 扬州市困境儿童救助政策执行问题研究 [D]. 扬州大学，2017:2.

② 杨克瑞. 改革开放40年我国特殊教育政策的顶层设计与战略推进 [J]. 中国教育学刊，2018 (5):31−35.

③ 赖素莹. 农村孤儿生活状况和需求调查研究——以湖北省黄陂、安陆农村孤儿调查为例 [D]. 华中师范大学，2006:11−14.

④ 陈晨. 我国孤儿心理需求状况调查——基于10省市儿童福利机构的调查数据分析 [J]. 中国特殊教育，2013 (11):8−13.

⑤ 周霞. 湖南省特殊儿童义务教育的均衡发展研究 [D]. 长沙理工大学，2012:5.

⑥ 冯元. 流浪儿童需要与机构救助研究——以南京市为例 [D]. 南京大学，2013:6−9.

浪儿童救助体系；[1]尤英姿（2016）通过对浙江省宁波市余姚市、湖州市吴兴区、衢州市开化县三地的部分困境儿童和监护人进行困境儿童需求和保障的实地调查发现，当前部分困境儿童甚至还未解决基本生存问题；还有部分困境儿童的困境来源于父母的监护缺失；困境儿童的心理存在一定问题以及监护人缺失和政府救助政策的不完善是亟须解决的问题；[2]程莹（2016）通过探寻云南省普洱市思茅区智障儿童关于全纳教育理论实践，发现智障儿童全纳教育的问题主要在于制度与政策、观念、师资、教学等等，关键存在对于特殊教育观念、管理体制和立法等三领域的问题。提出切实加强智障儿童教育的立法工作；强化政府职能；保证现行制定的法律法规的通畅；正确有效处理好强势群体与弱势群体的关系等，循序渐进去转变传统的教育观念，重视智障儿童全纳教育；[3]童文川（2016）对浙江省开化县域内"事实无人抚养"困境儿童展开观察和研究，分析了"事实无人抚养"困境儿童陷入困境的缘由；[4]刘慧（2017）从临床的视角，基于 S 省困境儿童调研项目，探讨了环境对于困境儿童的影响，从了解困境儿童的需要出发，提出完善困境儿童服务体系的对策和建议；[5]刘国（2017）以长丰县 Z 乡为例，以"福满江淮童享蓝天"社会救助项目为依托，研究农村困境儿童救助模式，构建了困境儿童新型救助体系；[6]黄玲（2017）以广西佳和社会工作服务中心"雨季护航"

①袁晓冰.太原市流浪儿童社会救助问题研究 [D].山西财经大学，2015:6.
②尤英姿.困境儿童保障研究——基于浙江省的实地调查 [D].浙江理工大学，2016:4.
③程莹.智障儿童全纳教育的政府职能研究 [D].云南财经大学，2016:3.
④童文川."事实无人抚养"困境儿童的教育援助个案研究 [D].浙江师范大学，2016:4.
⑤刘慧.扩展的临床视角下困境儿童服务体系研究——基于 S 省困境儿童调研项目 [D].山东大学，2017:16.
⑥刘国.农村困境儿童救助模式研究——以长丰县 Z 乡为例 [D].安徽大学，2017:20.

项目为例，研究社会组织在参与困境儿童的救助过程中产生的作用，总结了该项目的经验与不足，以帮助社会组织调整救助模式。[①]

（四）研究述评

通过对困境儿童研究的学术史梳理，可以看出，有关"困境儿童"研究的总体趋势体现为：

从研究数量上看，2002—2018 年间，学界对困境儿童的研究经历了初始关注、全面关注、重点关注三个阶段。第一阶段 2002—2010 年间，学界对困境儿童研究的数量较少，对困境儿童研究的关注度较低。第二阶段 2011—2013 年间，随着 2011 年国务院下发《中国儿童发展纲要（2011—2020 年）》，困境儿童问题被提上政策议程，困境儿童的研究初露端倪并进入研究者的视野。第三阶段，从 2014 年开始，研究数量陡然增长，成为学界关注的重要议题之一，对困境儿童的研究呈现出快速明显增长的趋势。（见图 1）

图 1：2002 年以来困境儿童研究数量趋势图

从研究的主题上看，以"弱势儿童""留守儿童""贫困儿童"为题的研究多，以"乡村困境儿童"为题的研究少，说明对"乡村困境儿童"这一概念的内涵和外延的界定还没达成共识；从研究的内容上看，研究"乡村困境儿童"的现状、生存状态、国家救助、制度保障的多，研究"乡村困境儿童"成长的教育支持的少；从研究视角上看，以"社会福利"的视角，从宏观层面研究县区级以上政府对乡村困境儿童的服务、保障

[①] 黄玲. 社会组织参与困境儿童救助研究——以广西佳和社会工作服务中心"雨季护航"项目为例 [D]. 广西大学，2017:32.

和救助的研究多，以"精准"的视角，从微观层面研究对乡村困境儿童一对一教育精准支持的研究少；从 2015 年才初露端倪的"教育精准扶贫"的研究中，以报刊文章多，学者学理系统论证研究成果少，从 2017 年始越来越多学者关注教育精准扶贫特别是乡村困境儿童的教育帮扶研究。从乡村困境儿童教育支持研究发展阶段来看，对困境儿童教育支持的研究经历着乡村困境儿童教育支持的初始关注阶段，乡村困境儿童教育支持的全面关注阶段以及乡村困境儿童教育支持的重点关注阶段。（见图 2）

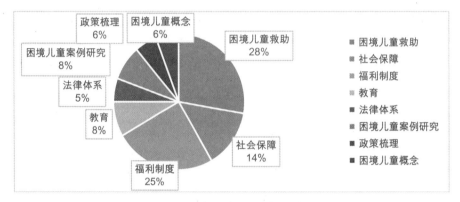

图 2:"困境儿童"研究内容图

具体动态表现为：

第一，彭华民《中国困境儿童研究轨迹：概念、政策和主题》，尚晓援等《建构"困境儿童"的概念体系》，陈鲁楠《"困境儿童"的概念及"困境儿童"的保障原则》，王海健《困境儿童怎样分类》等。这些为本书对"困境儿童"概念内涵和外延的界定提供了研究基础。

第二，对"乡村困境儿童"的研究多数学者从宏观政府（县级政府）层面以社会福利的视角研究乡村困境儿童的保障与救助问题，少有从微观层面以"精准"的视角研究对乡村困境儿童"一对一"的教育支持的研究。

我国对困境儿童问题研究较早的是在 1998 年李春玲、王大鸣的《中国处境困难儿童状况分析报告》，但此文"处境困难儿童"仅指流浪儿童。随后，从 2000 年开始，越来越多的学者从社会福利的视角，研究对乡村困境儿童的服务、保障、救助。如柏文涌等《社会管理创新视域下困境儿童救助策略研究——基于儿童福利视角》，黄晓燕《家庭支持视角下的困境儿童服务融合路径探讨》，李秀文《浅谈社会变迁中孤残儿童的家庭教育问题》，王久安等《关于流浪儿童救助保护情况的调查报告》，吴国平《完善我国困境儿童救助立法问题研究》，王琪《"困境儿童"的救助——以"儿童福利法"为视角》，李迎生《弱势儿童的社会保护》以及李迎生、袁小平《新时期儿童社会保护体系建设：背景、挑战与展望》等。这些研究为本书提供了认识论和方法论上的支持。

第三，2015年才初露端倪的"教育精准扶贫"多出现在政策文件或者报刊中，鲜有学者学理论证的系统研究，从2017年始越来越多学者关注教育精准扶贫特别是乡村困境儿童的教育帮扶研究。

在精准扶贫理念的背景下，《人民日报》2015年12月29日发表题为《教育扶贫要精准，针对学校特点是关键》的文章，首次提出"教育精准扶贫"的概念，接下来《人民日报》《光明日报》《中国教育报》等相继提出有关"教育精准扶贫"问题。如《教育扶贫如何精准发力》（人民日报，2016年3月16日），《教育精准扶贫的"湖北做法"》（光明日报，2016年1月25日）以及《人民日报》在2016年1月27日和《中国教育报》在2016年3月3日都相继发表同题文章《教育是最根本的精准扶贫》。关于学者对"教育精准扶贫"的研究仅看到一位小学校长蔡广田发表在《现代教育科学》的文章"浅议'精准教育'理念"，还不能算是"精准教育"系统的学理研究。从2017年开始，学者们开始逐渐关注教育精准帮扶的问题研究。如《乡村振兴背景下教育精准扶贫面临的问题及其治理》《西部农村"互联网＋"职业教育精准扶贫的制度创新》《教育信息化：实现农村教育精准扶贫的战略选择》《职业教育信息化助力精准扶贫：问题与路径》《"互联网＋"背景下教育信息化精准扶贫路径与对策研究》《农村教育精准问题研究》《职业教育精准扶贫：作用机理与实践反思》《职业教育精准扶贫的逻辑框架——基于农民工城镇化的视角》《职业教育精准扶贫的立论依据、困境与出路》《职业教育精准扶贫的理论基础、涵义阐释与功能定位》等，从教育信息技术应用和职业教育精准帮扶的视角研究教育精准支持问题。从 2018 年开始，有学者关注困境儿童的教育支持问题。如《困境儿童教育精准支持：主体、客体、内容、方法》《困境儿童学校精准帮扶研究》《困境儿童学校教育精准支持的审视与现实可能》等。但是，这些研究数量还极其有限，对困境儿童特别是乡村困境儿童的教育精准支持研究尚未形成系统的理论体系和实践指向，旨在构建"困境儿童教育精准支持"的理论分析框架和实践操作体系是十分必要的。

第四，改革开放以来，我国对困境儿童教育支持的研究经历着困境儿童教育支持的逐渐关注阶段，困境儿童教育支持的全面关注阶段以及困境儿童教育支持的重点关注阶段。

第一阶段：困境儿童教育支持研究的逐渐关注阶段（1978—2000）。改革开放初期，在"效率优先，兼顾公平"的指导思想下，教育领域开始恢复重建和发展重点学校。困境儿童特别是乡村困境儿童教育支持问题并没有进入政府和社会的视野。20 世纪 80 年代初，国家先后颁布的《中共中央国务院关于普及小学教育若干问题的决定》（1980）、《中共中央关于教育体制改革的决定》（1985）和《中华人民共和国义务教育法》（1986）都明确提出弱势儿童享有平等的受教育的权利和机会，要求政府关注弱势儿童的教育保障问题。特别是 20 世纪 80 年代中期以后，随着大量农民工进入城市，流动儿童和留守儿童群体开始出现，部分学者开始关注留守儿童、流动儿童接受学校教育的问题，社会和大众媒体开始对困境儿童问题有所关注。20 世纪 80 年代末，"希望工程"的设立和"春蕾计划"的开展，使一部分失学儿童能够得到救助，重新回到学校。20 世纪 90 年代，随着城镇化进程的进一步加快，出现了大批农民工举家进入城市的现象，由此而带来了进城务工子女的教育问题，他们面临既无法享受城市的教育资源，也无法回到乡村继续学习的尴尬境地，同时高昂的择校费依然是横在他们面前阻碍他们进入学校的一个门槛。随着报纸和电视台等媒体接连的新闻报道，引起了社会的广泛关注。随着《中华人民共和国未成年人保护法》（2006）等法律法规的相继出台，困境儿童教育支持与保障问题进入了公众、学者以及政府的视野，但是乡村困境儿童的教育支持问题尚未得到关注。

第二阶段：困境儿童教育支持研究的全面关注阶段（2000—2010）。2001年免除学杂费、书本费和补助寄宿生生活费的"两免一补"政策的出台，适用于流动儿童接受义务教育的"以流入地政府管理为主，以全日制公办中小学为主"，"两为主"原则的确立，以及一系列有关困境儿童保障政策的出台，如：教育部、财政部和国务院扶贫开发领导小组办公室联合下发《关于落实和完善中小学贫困学生助学金制度的通知》（2001），国务院下发《关于进一步加强农村教育工作的决定》（2003），国务院下发《国家西部地区"两基"攻坚计划》（2005）和《关于进一步做好城乡特殊困难群体未成年人教育救助工作的通知》（2005），国务院颁布了《国务院关于深化农村义务教育经费保障机制改革的通知》（2006）等，都充分显示国家不断加大对困境儿童的财政补贴的力度，逐步完善农村义务教育经费保障新机制的举措。到2007年"两免一补"政策推及全国所有农村义务教育阶段学生，从2008年秋季学期开始，在全国范围内全面免除城市义务教育阶段学生学杂费，标志着困境儿童教育支持无论是学者的研究还是国家政策的出台都进入全面关注阶段。

第三阶段：困境儿童教育支持研究的重点关注阶段（2010—2020）。我国传统儿童福利政策秉持补偿性社会救助的原则，且处于没有独立地位，长期附属于成年人的社会福利体系的状态，是一种"补缺型"的儿童福利，受众的群体类型与范围有限且遵循统一的标准，并无太大的地区差异。因此，这一时期的儿童福利制度可以看成是"标准的小众"。2013年《中共中央关于全面深化改革若干重大问题的决定》提出："健全困境儿童分类保障制度"；2013 年 6 月民政部下发《关于开展适度普惠型儿童福利制度建设试点工作的通知》提出建立"一普四分"的"适度普惠型"儿童福利分类保障制度；2016 年 6 月国务院印发《关于加强困境儿童保障工作的意见》，明确提出"加强困境儿童分类保障"的要求。特别是随着习近平总书记提出的"精准扶贫"的思想，受众群体由孤残儿童扩大到弱势儿童直到如今的困境儿童，其受众群体类型细化，受众范围扩大，受众数量增加，受众标准更加精准，对困境儿童的保障由面向统一标准的小众群体整体扶贫转向为困境儿童个体提供精准识别、分类施策、重心到人的困境儿童分类保障成为现实期待。从困境儿童概念在国家政策层面的首次提出，到困境儿童分类保障政策的初露端倪，可以清晰地看到关于困境儿童的分类保障线索逐渐具体和明晰。从困境儿童分类保障的标准来看，提出"适度普惠、分层次、分类型、分标准、分区域"困境儿童分类保障标准；从困境儿童分类保障的目标来看，提出实现"分层推进、分类立标、分地立制、分标施保"困境儿童分类保障的政策目标；从困境儿童分类保障的内容来看，提出"保障基本生活、保障基本医疗、强化教育保障、落实监护责任、加强残疾儿童福利服务"的困境儿童分类保障政策内容。2016 年逐步在全国 31 个省（自治区、直辖市）的 50 个市（县、区）开展"适度普惠型"儿童福利制度建设试点工作，天津、山东、江苏、浙江、重庆、青海等 6 省（市）出台了全省困境儿童分类保障政策。实现困境儿童的保障客体由原来只包括"孤儿、残障儿童、流浪儿童"等小众群体向范围更加广泛的"困境儿童"的大众群体转换；困境儿童保障的内容由原来的"生存与救助"向"生存、保障、发展"转换；困境儿童保障的方法由原来的"大水漫灌"向"精确滴灌"转换，实现困境儿童分类保障由"标准的小众"走向"精准的大众"，困境儿童将得到全覆盖的、可持续的、更为精准的保障。

第二章

乡村困境儿童教育精准支持的理论框架与实践指向

关注弱势，聚焦底层，倡导公平，一直是社会关注的焦点，特别是2013年习近平总书记首次提出"精准扶贫"的思想后，教育支持对阻止乡村困境儿童的贫困代际传递具有重要意义。伴随着近年来学界"困境儿童"概念的提出，对乡村困境儿童的研究也愈加从对"弱势儿童""留守儿童""贫困儿童"的研究到对乡村"困境儿童"的研究；从对乡村困境儿童的"现状、生存状态、国家救助、制度保障"的研究到对乡村困境儿童"教育支持"的研究；从"宏观层面对县区级以上政府对乡村困境儿童的服务、保障和救助"的研究到"从微观层面，重心下移精准到人的教育精准支持"的研究；从"补偿性的社会救助"到"发展性的教育支持"；从"提供物质上的帮助以消除贫困"到"提供发展的机会和能力以消除社会排斥"。实现对乡村困境儿童的救助，不再局限于悲天悯人的层面，而是由输血向造血转变，关注由整体扶贫向受教育者个体提供教育精准支持的积极作为和改变困境的可为性。

一、概念的界定与诠释

对核心概念的内涵与外延的界定与理解是提炼研究范畴和建构研究的分析框架的原点。本研究的核心概念有"困境儿童""教育支持"以及"教育精准支持"。

（一）困境儿童

国际儿童福利组织使用的术语直接影响了我国对困境儿童的理解和界定：如联合国《儿童权利公约》以及联合国儿童问题特别会议通

过的《适合儿童成长的世界》提出"困境儿童"（children in difficult situations）以及和困境儿童相关的英文概念如 Vulnerable children （脆弱儿童、弱势儿童）；children with special needs（有特殊需要的儿童）；children at risks（高风险儿童）等，使得我国对"困境儿童"概念的界定也存在与弱势儿童、流浪儿童、困难儿童、孤残儿童等概念同时使用的问题。[①] 如李迎生认为，弱势儿童是相对于正常儿童而言的，主要是指那些由于社会、家庭及个人的原因，其基本权利难以得到切实的维护因而其生存和发展遭遇障碍，需要借助外在力量支持和帮助的儿童。与一般儿童或正常儿童相比较而言的，主要包括残疾儿童、失依儿童、贫困儿童等。[②] 夏学銮在儿童发展国际论坛上提出，弱势儿童分为身体弱势儿童即残疾儿童、心理弱势儿童即智障儿童、社会弱势儿童即遗弃儿童与孤独儿童和暴露在危险处境下的弱势儿童即压力儿童四大类别五种类型。刘佩将弱势儿童分为残疾儿童、贫困儿童、弃婴或孤儿、流动留守儿童、流浪儿童、被拐卖的儿童、童工、遭受性侵害的儿童、遭受暴力的儿童、遭受性别歧视的女童、药物滥用或吸烟的青少年或儿童、受到艾滋病影响的儿童、来自犯罪人员和吸毒人员家庭的儿童、犯罪或正在接受改造的青少年等。[③] 陈家斌认为，弱势儿童主要是指由于某些社会性障碍或经济、政治、文化、地理位置等方面处于不利地位，而不能平等享有受教育权或优质教育资源的18周岁以下的少年儿童。随着社会急剧转型和改革开放的不断深入，出现了包括贫困儿童（含农村和城市）、流动儿童、留守儿童、女童、孤残儿童等在内的众多的弱势儿童群体。[④] 尚晓援对事实无人抚养儿童的

①王思斌.社会行政[M].北京：高等教育出版社，2006:8-14.
②李迎生.弱势儿童的社会保护：社会政策的视角[J].西北师大学报（社会科学版），2006(3):13-18.
③刘佩.社会工作行政视角下的弱势儿童社会保护政策[J].甘肃理论学刊，2010(5).
④陈家斌.中国弱势儿童教育发展三十年：回顾与前瞻[J].河北师范大学学报（教育科学版），2009(7):112-118.

定义和分类做了进一步研究，指出事实无人抚养儿童包括以下几类：父母(生父母或者办理了收养手续的养父母)双方同时出现死亡、失踪、服刑、重度残疾等，任意一种情况的未成年人。[①]

1978年以来，我国进入社会转型期。随着社会急剧转型和改革开放的不断深入，在教育领域出现了包括贫困儿童(含农村和城市)、流动儿童、留守儿童、女童和孤残儿童等在内的众多弱势儿童群体。

在此基础上，有学者认为家庭原因是导致儿童陷入困境的最主要原因之一，并进行具体分析。如孙莹认为，儿童遭遇困难，多数都是因为其家庭面临各种内外压力，家庭系统资源匮乏，无法继续提供子女稳定的家庭场所与生活方式，从而使家庭成员陷入分离的危机之中。[②]冉云芳进一步将弱势儿童家庭进行分类，认为弱势儿童群体的家庭类型大致可分为父母双亡型、单亲家庭型、重组家庭型、父母残疾多病型和自身残疾型。[③]韩佩玉、蔡华将"特殊困难儿童"看作是弱势群体中的新生概念，认为，"特殊困难儿童"是社会生活中一个特殊的弱势群体。"特殊困难儿童"是指失去了父母的正常照顾，而自己又不具备生活能力的18岁以下的未成年人。他们或是由于父母一方亡故，或是由于法律原因不能与自己的父母共同生活，或是因其他原因无法得到父母的正式照顾。[④]满小欧、李月娥认为，应借鉴西方困境儿童家庭支持福利制度，在国内困境儿童制度的顶层设计中强化儿童福利政策的家庭视角与服务理念；[⑤]受到戈斯塔·埃斯平–安德森1990年所著的《福利资本主义的三个世界》

① 尚晓援. 事实无人抚养儿童基本生活保障制度研究 [R]. 民政部社会福利与慈善促进司的报告.

② 孙莹. 建立我国特殊困难儿童社会支持系统的基本策略：培育和发展社区和非营利组织 [J]. 青年研究，2004(9):27-34.

③ 冉云芳. 农村弱势儿童群体的质性研究 [J]. 教育科学研究，2007(9):2.

④ 韩佩玉，蔡华. 相对剥夺视角下的凉山彝区"特殊困难儿童"现状及思考——以昭觉县为例 [J]. 西南民族大学学报(人文社会科学版)，2014 (2):48-53.

⑤ 满小欧，李月娥. 西方困境儿童家庭支持福利制度模式探析 [J]. 北京社会科学，2015(11):3.

所阐述的社会投资福利国家理论的影响，西方学者更注重提高家庭照顾儿童方面享有的普惠福利的政策支持，从儿童家庭这个层面介入，打破贫困的代际传递，提高国家公共资金的利用回报率。[①]

学者们进一步分析了弱势儿童处于弱势的原因。如刘云艳、程绍仁认为，弱势儿童的产生是社会政治、经济、文化不均衡发展的必然结果，并伴随社会变革的持续推进，群体范围和类型将更加宽泛和多样。弱势儿童主要是指由于社会、家庭及个人原因，在经济条件、社会地位、权益保护、竞争能力等方面处于不利处境，需要借助外部力量支持和帮助的儿童。[②] 刘继同（2007）认为，中国社会结构的宏观转型与家庭结构功能的微观转变是产生大量的孤残儿童、贫困儿童、留守儿童、独生子女、离异和破碎家庭儿童、流浪儿童、服刑人员子女、伤害儿童、艾滋病致孤儿童、患病儿童等问题儿童和困境儿童的直接社会后果。[③]

从以上对弱势儿童的界定可以看出，"弱势儿童"的界定增加了"孤残儿童"没有涵盖的农村留守儿童、农民工随迁子女、被拐卖儿童等群体，但是这一时期把家庭的经济状况作为概念界定的决定性因素，很多处于困境中的儿童被排除在外。

国外学者将困境儿童看作是广义概念，其内涵是指一切因贫困、疾病、意外事件或遭受家庭虐待与忽视而失去家庭依靠，生存与发展陷入困境的儿童。[④] 通常使用 vulnerable children、children in need 或 children with special needs 等关键词来统称困境儿童这一群体。我国

① Hubenthal M,lfland A M. Risks for Children Recent Development in Early Child care Policy in Germany[J].Childhood:A Global Journal of Child Research,2011(1):114-127.

② 刘云艳，程绍仁.公共治理逻辑:弱势儿童教育发展的社会协同机制建构 [J].西南大学学报(社会科学版)，2015(3):82-88.

③ 刘继同.中国社会结构转型、家庭结构功能变迁与儿童福利政策议题[J].青少年犯罪问题，2007(6):5.

④ Pecora P J.The Child Welfare Challenge:Policy,Practice,and Research[M].Livingston:Transaction Publisher,2000:234-235.

学者对困境儿童概念进行了基于国情的中国式解读。学者们对困境儿童的概念进行了解析，梳理了困境儿童概念的演变及发展，建立了中国本土的困境儿童概念体系。如彭华民《中国困境儿童研究轨迹：概念、政策和主题》，尚晓援等《建构"困境儿童"的概念体系》，陈鲁楠《"困境儿童"的概念及困境儿童的保障原则》，王海健《困境儿童怎样分类》等。这一变化轨迹无论是从内涵和外延上都在进一步地完善，不仅是从个人和家庭的角度，更是从社会发展和社会结构的角度进行界定。如尚晓援、虞婕（2014）将困境儿童的概念划分为生理性困境儿童、社会性困境儿童、多重性困境儿童三种类型体系。生理性困境儿童主要包括残疾儿童和患病儿童；社会性困境儿童包括由于脱离家庭而陷入困境的儿童群体，如孤儿、被拐卖的儿童以及流浪未成年人、困境家庭儿童，如父母患有重度疾病的儿童、事实上无人抚养的儿童、贫困家庭的儿童以及受到虐待的儿童等群体，以及生理和社会双重性困境儿童。（如图3）

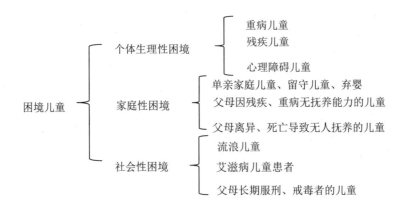

图 3：困境儿童的成因及分类

困境儿童的困境主要表现为健康获得、知识获取、资源利用三个方面的能力被剥夺，包括"低收入、疾病、人力资本不足、社会保障系统的软弱无力、社会歧视等"。这些研究为本研究对"困境儿童"概念内涵和外延的界定提供了研究基础。

与此同时，困境儿童也屡次在国家颁布的政策文本中连续出现，逐渐由学者研究视野进入到政府政策决策议程中。2006 年，民政部联合 15 部委出台的《关于加强孤儿救助工作的意见》及 2015 年民政部《关于进一步加强困境儿童临时救助工作的通知》对"困境儿童"有明确界定：困境儿童是指由于儿童自身、家庭和外界原因而陷入基本生存、发展和受保护危机需要帮助的儿童，主要包括孤儿、艾滋病病毒感染儿童、事实无人抚养儿童或父母因病因残无力抚养儿童、低收入家庭重病重残儿童、流浪乞讨儿童等。2013 年《中共中央关于全面深化改革若干重大问题的决定》提出"健全困境儿童分类保障制度"。自此，"困境儿童"概念写入中国最高层次的纲领性文件，成为重要的政策用语。2016 年《国务院关于加强困境儿童保障工作的意见》将困境儿童进一步明确界定为：困境儿童包括因家庭贫困导致生活、就医、就学等困难的儿童，因自身残疾导致康复、照料、护理和社会融入等困难的儿童，以及因家庭监护缺失或监护不当遭受虐待、遗弃、意外伤害、不法侵害等导致人身安全受到威胁和侵害的儿童。从上述困境儿童的界定与发展脉络中可以看出，"困境儿童"概念的出现与界定，呈现出一个相对清晰的发展脉络。"从改革开放前的政治宣传的需要，到改革开放后的社会管理的需要，直到2000 年后的基于人权保障的需要"，实现由扶贫到脱贫、由普惠到精准的转变。对困境儿童范围的划分也经历了三个不同阶段，"改革开放前的孤残儿童、改革开放后的弱势儿童以及 2000 年后的困境儿童"。[①]

本书将困境儿童界定为年龄在 6—18 岁阶段的乡村困境儿童，不包括 0—6 岁学前教育阶段的困境儿童。6—18 岁是儿童"三观"形成的

---

① 周佳 . 处境不利儿童平等发展权的社会保障研究 [M]. 哈尔滨 : 黑龙江大学出版社, 2016:25.

关键时期,也是接受教育技能以及能力形成的关键期,此阶段的儿童与0—6岁的学前儿童生理心理发展都不相同,具有各自不同的特点和规律。乡村困境儿童在困境儿童群体中所占比例较大,处境更为不利。因此,本研究的样本取样为6—18岁阶段的乡村困境儿童。

(二)教育支持

"教育支持"的上位概念是"社会支持","教育支持"是"社会支持"的一个组成方面。因此,首先要对"社会支持"的概念进行界定。也就是说,"教育支持"的提出源于"社会支持"概念的理解和界定。如周国华认为,"社会支持是一定社会网络运用一定的物质和精神手段对社会弱者进行无偿帮助的一种选择性社会行为,是一个由各方面的资源所支撑的能对所需要者提供支持的资源组合。"[1]郑杭生认为,"我们可以把社会支持表述为各种社会形态对社会脆弱群体,即社会生活有困难者所提供的无偿救助和服务"。[2]李强认为,"从社会心理刺激与个体心理健康之间关系的角度来看,社会支持应该被界定为一个人通过社会联系所获得的能减轻心理应激反应、缓解精神紧张状态、提高社会适应能力的影响。"[3]丘海雄等认为,"广义而言,社会支持既涉及家庭内外的供养与维系,也涉及各种正式与非正式的支持与帮助。社会支持不仅仅是一种单向的关怀或帮助,它在多数情形下是一种社会交换。"[4]张文宏、阮丹青认为,"社会支持是人们从社会中所得到的、来自他人的各种帮助。"[5]陈成文认为,"社会支持包括施者(provider)与受者(recipient)两个有意

①周国华.流动儿童的教育管理与社会支持[M].济南:山东教育出版社,2015:42.

②郑杭生.转型中的中国社会和中国社会的转型[M].北京:首都师范大学出版社,1996:23.

③李强.社会支持与个体心理健康[J].天津社会科学,1998(1):66-69.

④丘海雄,陈健民,任焰.社会支持结构的转变:从一元到多元[J].社会学研究,1998(4):33-39.

⑤张文宏,阮丹青.城乡居民的社会支持网[J].社会学研究,1999(3):14-19.

识的个体之间的资源的交换。"① 施建锋、马剑虹认为，"社会支持是当某人有需要时，来自于他人的同情和资源的给予。而这种同情和资源的给予是能够满足个体的需要的，从而达到缓解个体各类紧张的目的。"②

可以看出，在目前已有文献中，对社会支持的理解大致可以分为两类：一是客观的支持，包括物质上的直接援助和社会网络、团体关系的参与，是"人们赖以满足他们社会、生理和心理需求的家庭、朋友和社会机构的汇总"③。二是主观的支持，即个体所体验到的情感上的支持，也就是个体在社会中受尊重、被支持、被理解因而产生的情感体验和满意程度。④以上两类有关社会支持概念在理解上的差异反映了不同研究者对其本质的不同理解。

对于"教育支持"概念的界定与理解，在社会支持概念理解的两个层面上，更加注重对被支持者提供智力上的帮助与扶持。如余秀兰认为，"教育支持"可以作为社会支持的一个方面，与"教育援助""教育救助"等概念相类似，或者说"教育援助""教育救助"都属于教育支持的范围，但教育支持又不仅限于"教育援助"和"教育救助"，它还包括权利、机会、精神等方面的支持。简单地说，它是指国家、社会对弱势人群在接受教育上提供的帮助和扶持。⑤ 高瑾、宋占美认为，教育支持是指一个国家或地区，根据教育事业发展的需要，投入教育领域中的人力、物力和财力的总和。教育支持是开发智力、发展教育事业的物质基础，也是促进经济和社会发展的重要因素。⑥ 季彩君认为，教育支持主要是指为保障弱势

① 陈成文. 社会学视野中的社会弱者 [J]. 湖南师范大学社会科学学报，1999(2):13-17.
② 施建锋，马剑虹. 社会支持研究有关问题探讨 [J]. 天津社会科学，2003(1):58-61.
③ Atchley.Social Forceand Aging [M]. California:Wads worth Publishing Company,1985:64.
④ 肖水源，杨德森. 社会支持对身心健康的影响 [J]. 中国心理卫生杂志，1987(4):183-187.
⑤ 余秀兰. 社会弱势群体的教育支持 [M]. 北京：中国劳动社会保障出版社，2007:29-30.
⑥ 高瑾，宋占美. 发达国家对弱势群体的教育支持及对我国的启示 [J]. 中国成人教育，
　2015(13):135-138.

群体平等的受教育机会，国家、社会团体或个人采取各种手段和措施，对其接受教育所提供的物质、资金、服务等方面的帮助和扶持。留守儿童作为教育中的弱势群体，在无法依靠自身力量摆脱困境的情况下，更需要社会、学校等外力给予支持与援助，帮助其实现自身价值。[①] 因教育支持是为保障困境儿童接受平等的受教育机会，社会网络运用一定的物质和精神手段，对其在接受教育上所提供救助、援助和扶持的资源组合。这种支持"不仅限于'教育援助''教育救助'，它还包括权利、机会、精神方面的支持"。[②] 从支持层级上看[③]，在社会支持的理论假设中，宏观层面社会支持主要是从政策、制度、法律等角度研究社会支持系统，其中政府是责任主体，学校和社区是社会支持的平台；中观层面主要是从社会资本和社会网络的角度，研究社会成员获得社会支持的情况；微观层面主要是从情感和心理角度研究社会成员获得的社会支持对其身心的影响。因此，困境儿童的教育支持是从广义上理解的，困境儿童的教育支持核心是学校教育，但是这些核心问题的实现与国家政策支持、经济支持和情感与交往等心理支持密不可分，困境儿童的教育支持包括宏观层面的教育法律支持与教育政策支持、中观层面的学校教育支持以及微观层面的经济支持、情感支持和交往支持。

从教育支持的主体看，除了国家及政府以外，教育支持的主体也可以是家庭和个人，企业、社区，社会福利组织也都能参与到困境儿童教育支持中。也就是说，困境儿童教育支持的提供者，可以是国家及各级政府，也可以是企业、慈善团体和社群组织，还可以是家庭、个体。[④] 如

① 季彩君. 教育公平视阈下的留守儿童教育支持——基于留守与非留守儿童差异的实证调查 [J]. 基础教育，2016(2):48-57.

② 余秀兰. 社会弱势群体的教育支持 [M]. 北京: 中国劳动社会保障出版社，2007:5-6.

③ 邓旭，徐镐. 困境儿童教育精准支持: 主体、客体、内容、方法 [J]. 教育理论与实践，2018(10):18-22.

④ 余秀兰. 社会弱势群体的教育支持——社会保障与社会政策研究 [M]. 北京: 中国劳动社会保障出版社，2007:29-30.

沈进兵研究了城市弱势群体的教育支持，他研究的主体是社区教育。社区教育作为现代教育社会化的新型教育模式，可以有力地保障弱势群体受教育的权益，并且通过教育支持，使城市弱势群体获得充实自我和实现自我意义的能力。因此，大力发展社区教育，进一步加强政府统筹规划和有效干预，充分发挥社区人文关怀的凝聚作用，设置切合实际需求的教学内容以及促成社区教育发展合力，是实现城市弱势群体教育支持的有效途径，也是最终从根本上解决城市弱势群体问题的重要保障。①

从教育支持的客体看，本书研究对象是对困境儿童的教育支持，涵盖了对前文划分的生理性、社会性以及双重性困境儿童所提供的教育支持。如伏金芳在研究中提出利用社会工作的方法，为农村残障儿童提供帮助，该研究以社会支持理论为前提，对农村残障儿童的教育支持情况进行了解，并且着重研究农村儿童的教育支持存在的问题。要提高农村残障儿童的教育发展，需要政府、学校、家庭的共同努力，使每一位农村残障儿童都能获得教育的机会，三方共同努力，帮助农村残障儿童在知识学习和技能学习方面获得一定的收获，至少可以保证未来的自理能力。②

从教育支持内容看，首先，为困境儿童的生存提供保障，如提供资金、对儿童进行监护、提供康复所需设备等；如潘艳丽通过调查发现在新农村建设中，很显然，困境儿童教育支持由于在认识、关怀、鼓励等情感上的支持不够，导致对困境儿童的教育支持还存在一定的问题；另外，政府在法律法规等福利政策方面还有所不足；同时，资金投入不足以及教育培训设备欠缺等问题都亟待解决。③其次，为儿童提供所必需的学校

---

① 沈进兵. 社区教育：实现城市弱势群体教育支持的有效途径 [J]. 当代继续教育，2014(6):39-42.

② 伏金芳. 农村智障儿童教育支持研究——以临沂市天缘益智培训学校为例 [D]. 安徽大学，2016:21-23.

③ 潘艳丽等. 新农村建设中弱势群体的教育支持问题研究 [J]. 职教通讯，2014(28):59-63.

教育。包括采用个别化教学方法进行学科基础知识传授以及职业技能的培训等；还包括精神、情感的支持，如关爱、鼓励等。同时，既要注重保障困境儿童接受学校教育"一个都不能少"，又要为困境儿童提供与普通儿童同等而优质的教育机会。如余秀兰认为，利用教育支持方式对社会弱势群体进行救助是较好的途径，政府应该保障教育支持的实施，承担起主要负责人的重任，注重效率，从关注入学机会均等到逐步追求学业成功机会均等。[①]

从教育支持方法看，困境儿童教育支持强调"精准"的支持方法，也就是针对不同的致困原因，因人制宜地施以个性化的教育支持。如林晶从家庭、学校、师资三个维度分析当前我国西部农村教育弱势的现状。即西部农村弱势家庭经济和教育观念的相对落后、农村师资队伍建设有待加强和农村学校办学设施整体薄弱。并从教育支持的对象、内容、方式和资金来源四个方面，对我国西部农村的弱势群体教育支持的发展特点进行了分析。[②]

（三）教育精准支持

教育精准支持概念的界定是在教育支持概念理解的基础上，重在对"精准"的诠释和理解。而我国进行的"精准脱贫攻坚战"中"教育精准扶贫"从而实现"教育精准脱贫"过程中对"精准"一词的诠释和理解，为本研究对"教育精准支持"的界定奠定了基础，成为重要的参考。

首先，从"教育精准扶贫"和"教育精准脱贫"中对"精准"对象的理解来看，精准对象的重心逐渐降低：由"贫困人口（贫困人群）"到"贫困村"再到"贫困户"。如黄承伟等认为，精准扶贫是国家扶贫治理体

① 余秀兰. 弱势群体的教育支持：发达国家的理念及其嬗变 [J]. 比较教育研究，2009(1):33-37.
② 林晶. 西部农村弱势群体的教育弱势与教育支持研究 [D]. 重庆师范大学，2014:14-17.

系的重要组成部分，其实质是使扶贫资源更好地瞄准贫困目标人群，核心内容是做到"真扶贫、扶真贫"。[①] 余应鸿认为，教育精准扶贫属于精准扶贫的下位概念，是对习近平精准扶贫思想的丰富和延展，其实质是对贫困地区的贫困人口，进行精准教育投入和教育资助，帮助贫困人口掌握脱贫致富的知识和技能，通过提高贫困人口的素质和劳动生产率，促进当地经济和文化发展并最终摆脱贫困的一种扶贫方式。[②] 吴霓等认为，教育扶贫就是针对贫困人口进行教育资助，使其掌握脱贫致富的知识和技能，授人以渔。[③] 张翔认为，教育扶贫是"针对不同贫困区域或不同贫困人口状况，运用科学有效的程序对扶贫对象实施精确识别、精确帮扶、精确管理的教育治贫方式"。[④] 代蕊华等认为，教育精准扶贫是"针对不同贫困地区教育发展现状和不同贫困人口的教育需求，运用有针对性的帮扶措施，提高贫困人口的基本文化素质和劳动技术技能，以促进贫困人口掌握脱贫致富本领，实现可持续脱贫目标"。[⑤] 李陀等认为，教育精准扶贫应强调以利他主义价值观为指导，即教育精准扶贫所做的工作要有利于提升贫困群体的生存能力、经济能力、发展能力等。[⑥] 段从宇等认为，教育精准扶贫的目的在于帮助特定贫困群体脱贫，强调教育精准扶贫的旨归是脱贫。在这一过程中，相关教育活动的开展都直接指向贫困群体脱贫致富这一目标。既注重短期经济能力提升所带来的直接扶贫效果，也追求基于思想观念改造、人文素养提升、发展能力锻造等综合影

① 黄承伟，覃志敏. 论精准扶贫与国家扶贫治理体系建构 [J]. 中国延安干部学院学报，2015(1):1.

② 余应鸿. 乡村振兴背景下教育精准扶贫面临的问题及其治理 [J]. 探索，2018(3):170-177.

③ 吴霓，王学男. 教育扶贫政策体系的政策研究 [J]. 清华大学教育研究，2017(3):76-84.

④ 张翔. 集中连片特困地区教育精准扶贫机制探究 [J]. 教育导刊，2016(6):23-26.

⑤ 代蕊华，于璇. 教育精准扶贫：困境与治理路径 [J]. 教育发展研究，2017(7):9-15.

⑥ 李陀，陈燕谷. 视界 [C]. 阿马蒂亚·森著. 作为能力剥夺的贫困 [M]. 李春波，译. 石家庄：河北教育出版社，2001:76.

响的持续发展、长效致富。^①张笑芸等认为，精准扶贫是实现扶贫到村到户，逐步构建扶贫工作长效机制。^②沈茂英认为，精准扶贫是针对不同贫困区域环境、不同贫困农户状况，运用科学有效合规程序对扶贫对象实施精确识别、精确帮扶、精确管理的新型扶贫机制。^③

其次，在"精准"对象重心逐渐下移的前提下，强调"精准"教育支持的方式及精准管理内容。如吴霓等认为，精准的工作机制、创新的方式理念和精准的路径实施是精准扶贫的核心要义。^④汪三贵等认为，精准扶贫的主要内容包括：贫困户的精准识别和精准帮扶，扶贫对象的动态管理和扶贫效果的精准考核。^⑤马尚云认为，精准扶贫就是重点运用专项扶贫政策措施，运行社会、市场、政府"三位一体"的大扶贫格局，动员全社会资源，做到"真扶贫、扶真贫"，实现对贫困人口精确识别、针对扶持、动态管理、精确考评，切实有效地提高贫困人口收入，减少贫困人口数量。^⑥董家丰认为，精准扶贫包括两方面内容：一是扶贫对象精准，即扶真贫；二是扶贫措施和效果精准，即真扶贫。^⑦庄天慧认为，精准扶贫是变"粗放漫灌"为"精准滴灌"，以定点、定时、定量消除贫困为目标，以政府、市场、社会、社区、扶贫对象协同参与为基础，以资源统筹、供需匹配为保障，对扶贫对象实施精准识别、精准扶持、精准管理的贫困治理模式。^⑧余应鸿认为，教育精准扶贫作为一种扶贫方式，强调扶贫先扶智，要求帮扶对象、帮扶项目、帮扶措施等都精准到位。^⑨

① 段从宇，伊继东. 教育精准扶贫的内涵、要素及实现路径 [J]. 教育与经济，2018(5):23-29.
② 张笑芸，唐燕. 创新扶贫方式，实现精准扶贫 [J]. 资源开发与市场，2014(9):1118-1119.
③ 沈茂英. 四川藏区精准扶贫面临的多维约束与化解策略 [J]. 农村经济，2015(6):2.
④ 吴霓，王学男. 党的十八大以来教育扶贫政策的发展特征 [J]. 教育研究，2017(9):4-11.
⑤ 汪三贵，郭子豪. 论中国的精准扶贫 [J]. 贵州社会科学，2015(5):147-150.
⑥ 马尚云. 精准扶贫的困难及对策 [J]. 学习月刊，2014(19):2.
⑦ 董家丰. 少数民族地区信贷精准扶贫研究 [J]. 贵州民族研究，2014(7):1.
⑧ 庄天慧. 精准扶贫主体行为逻辑与作用机制研究 [J]. 广西民族研究，2015(6):2.
⑨ 余应鸿. 乡村振兴背景下教育精准扶贫面临的问题及其治理 [J]. 探索.2018(3):170-177.

再次，辨析了"教育扶贫"的两种内涵，即："扶教育之贫"和"靠教育脱贫"的双重含义。如孟照海认为，教育扶贫是指"通过办好贫困地区和贫困人口的教育事业，提高贫困群体的人力资本水平，降低他们所遭受的相对剥夺程度，进而实现减贫脱贫的战略目标"。①刘军豪等认为，教育扶贫首先意味着"扶教育之贫"，将教育作为扶贫的目标、任务、内容或领域，并通过政策倾斜、加大投入、调整结构等各种手段及方式以最终实现教育领域的减贫与脱贫。教育扶贫同时还包含着"依靠教育扶贫"，即教育也是实施扶贫开发的重要手段和有效途径，其将教育作为扶贫的手段、工具、途径或方式，并主要通过发展教育来带动贫困地区及贫困人口的脱贫致富。②祝建华认为，教育精准扶贫要以科学的知识为基础，运用科学方法开展助人服务活动，即教育精准扶贫工作推进的理论指导要科学（诸如扶贫先扶志、扶贫必扶智，教育是阻断贫困代际传递的最好手段等），具体的实施举措和实施方式要科学，遵循扶贫工作的一般原则，诸如"授人以鱼不如授人以渔"等。③

基于以上的理解与诠释，本研究认为，教育精准支持的理念是基于2013年习近平总书记首次提出的"精准扶贫"的思想，其中"精准"一词是针对以往没有针对性的扶贫，以县级为单位进行的整体扶贫、脱贫效果不理想的情况下提出的。"精准"使我国扶贫经历了由县到村再到户的不断精准转变；扶贫方式由大水漫灌向精确滴灌转变。在这样的背景下，教育在帮助困境儿童走出困境，实现成长与发展的过程中，也应该提供"精准"的支持：由过去以县到以乡到以户为单位的撒网式支持，实现重心的进一步下沉，并层层下放落实到困境儿童"每个人"，也就

---

① 孟照海. 教育扶贫政策的理论依据及实现条件——国际经验与本土思考 [J]. 教育研究，2016(11):47-53.

② 刘军豪，许锋华. 教育扶贫：从"扶教育之贫"到"依靠教育扶贫" [J]. 中国人民大学教育学刊，2016(2):44-53.

③ 祝建华. 贫困代际传递过程中的教育因素分析 [J]. 教育发展研究,2016(3):36-44.

是针对每个困境儿童的个体需求与不同困境，通过对困境儿童实施"一对一"的精准的、个性化的、因地制宜的学校教育与生存技能的培训，保障困境儿童"活下来""学得好""有发展"。

二、理论基础

（一）需要层次论

人本主义强调人的天性是善良的、美好的，强调自我表现、责任性、创造性、自主性等心理品质和人格特征的培育，这正是对人关爱的体现。美国心理学家马斯洛作为人本主义心理学的创始人，1943 年在《人类动机的理论》一书中提出了人的需要层次理论在总体上分为五个层次，充分肯定了人的尊严和价值，积极倡导人的潜能的实现。

马斯洛的需要层次理论的基本观点包括以下几个方面：

1.人有五种基本需要，即生理需要、安全需要、社交需要、尊重需要和自我实现需要。

2.人的需要是有高低、层次与顺序之分的，需要从低级到高级排成一个层级顺序，而较低层级的需要至少必须部分满足之后才能出现对较高级需要满足的追求。每个层次的需求与满足的程度，将决定个体的人格发展境界。

3."生理需要、安全需要、归属和爱的需要"这些都是缺失性需要，是保证生理和心理健康的重要条件，只有在缺失性需要得到满足后，人才能感到基本的舒适，不过，由此而产生的动机也随之消失。"社交的需要、尊重的需要"是成长型需要，它们的特点是很少得到完全的满足。

4.动机发展的最高阶层——自我实现的需要，是人类最高级的需要，其前提条件是健康人的安全、归属、爱、尊重和自尊等基本需要已得到充分满足。马斯洛将这一需要放在层级的顶端，这种最重要的需要的实现依赖于其他需要的满足。

　　马斯洛的需要层次理论对本研究的启示：需要层次理论的核心也是人的自我实现，反映在教育领域也是"人本主义"理念的体现，人的需要不断满足、不断提升，这就决定了人的发展是在人作为主体不断追求中不断实现的。因此，这对于生动活泼地、自主地、具有创造性地通过教育精准支持发挥乡村困境儿童的潜能和生活生存技能的培养具有重要作用。首先，人的五种基本需要，即生理需要、安全需要、社交需要、尊重需要和自我实现需要是从低级到高级逐步攀升的过程，而且只有满足或部分满足低层次的需求后，才能追求更高层次的需求。乡村困境儿童教育精准支持从生存、保障与发展三个层面看也是一个从低级到高级逐步提高的过程。不仅满足乡村困境儿童的基本生存需要，如营养、健康、生活等，实现儿童的生存性福利；并且满足乡村困境儿童受保护、受尊重的需要，实现乡村困境儿童的保护性福利；更要满足乡村困境儿童的发展需要，实现自身价值，拓展乡村困境儿童的发展性福利。实现发展是乡村困境儿童教育支持的最高层次也就对应马斯洛的自我实现需要，其前提条件是生存需求与保障需求得到满足。其次，动机发展的最高阶层是自我实现的需要，实现乡村困境儿童教育精准支持要探索乡村困境儿童的内在动机与需求，乡村困境儿童及其家庭的需要是服务保障的出发点。儿童主动学习是在内在兴趣需求的基础上，对事物进行操作，开展活动，在活动中思考、发现问题并不断提高自己。乡村困境儿童教育精准支持研究必须建立在儿童内在需要的基础上，倘若儿童没有源自内在的学习需要和发展需要，乡村困境儿童的学习与发展就不可能进入到良性发展的状态。因此，有关人的需要的研究便成为乡村困境儿童教育精准支持的心理学基础。

（二）福利国家理论

"福利国家"一词最早由英国大主教威廉·坦普尔于 1941 年在《公民与教徒》一书中提出。1942 年，贝弗里奇领导的英国社会保险与救助委员会提交了一份名为《社会保险与相关服务》的报告，正式采用了"福利国家"概念，并针对当时贫困、疾病、无知和懒惰等严重社会问题，提出建立社会保险体系，实行公共救助制度。其后经过几十年的发展，逐步形成了福利国家理论。

福利国家理论的基本观点包括以下几个方面：

1. 权利观

获取社会福利已经成为现代国家中公民的一项重要社会权利，无论职业、身份、贫富和政治倾向，每一个公民均有此权利。正因国家福利保障是每个公民的权利，所以实现国家福利是政府的责任。马克思曾经指出，即使在专制国家中，"执行由一切社会的性质产生的各种公共事务"也是政府的责任。由于国家的社会职能是政治职能实现的基础，同时还具有历史继承性，所以它是不会随着国家政权的更替而消失的。作为社会共同体的国家，保障每一个公民的利益和公共利益就是其社会职责所在。[①]

2. 平等观

当社会上的某些人群还不能满足基本的生存需求，而另一些人却可以无限制地追求物质享受、挥霍财富时，国家与社会有责任对这样的现象做出调整性反应，即以收入再分配的方式进行干预，支撑这种干预行为的即是平等理念。福利国家能给全体国民带来福利，其主要任务是通过加强国家对社会经济活动的管理和监督，扩大社会福利，实现国民收入的公平分配，实现社会经济生活的民主化、公平化。[②]实现福利国家是

---

① 丁东红. 论福利国家理论的渊源与发展 [J]. 中共中央党校学报，2011(2):55-60.
② 唐铁汉，李军鹏. 西方社会建设的基本理论及其演变 [J]. 新视野，2006(1):30-33.

政府的责任，在国家和雇员、雇主三方合作的福利国家运行机制中，国家的作用是决定性的。换句话说，所谓福利国家是一种制度安排，在这种制度下，公民要尽纳税的义务，并享有获得福利的权利，而政府必须承担提供福利的责任[①]。

福利国家理论对本研究的启示：

1.社会福利是公民的一项重要权利，政府是社会福利的主要提供者，政府应该为全体国民带来福利。

所以，乡村困境儿童教育精准支持框架构建中应当予以考虑社会福利，乡村困境儿童作为一个特殊的公民群体，在享受均等社会福利的前提下，应享受福利国家的家庭救助或社会救济，对于家庭困难的乡村困境儿童家庭，国家或政府有责任提供家庭救助或社会救济。处于社会经济发展转型期的中国，由于农村留守儿童数量庞大，依靠现在社会福利体系不足以支撑乡村困境儿童的教育精准支持，公共财政支持便成为乡村困境儿童教育精准支持的重要支撑。

2.福利国家通过税收再分配等政策平等地保障国民的最低生活水平。

乡村困境儿童本身就是一个相对弱势的群体，其中的特殊群体，如单亲家庭残疾儿童、父母残疾的儿童、有不良行为的留守儿童等，更应受到福利国家的高度关注和社会福利的特别支持。对于乡村困境儿童教育精准支持的福利政策，仅仅依靠津贴或补贴的制度模式是不行的，儿童福利应逐步转向以预防策略为主的积极福利和专业社区服务提供的综合性福利，为乡村困境儿童的教育事务与心理健康给予帮助与辅导。

（三）教育的系统管理理论

美国管理学家卡斯特、罗森茨威克和约翰逊等人共同建立了系统管理理论。他们是基于在一般系统论的基础上而建立的，即把一般系统理

---

① 丁东红.论福利国家理论的渊源与发展[J].中共中央党校学报，2011(2):55-60.

论应用到组织管理之中，运用系统研究的方法，建立通用的模式，以寻求普遍适用的模式和原则，由此指引人们进一步开阔眼界、拓展思路，避免管理中只见局部不见整体的局面。该理论向社会提出了整体优化、合理组合等管理新概念与新方法，被认为是 20 世纪最伟大成就之一。[①]

系统管理理论的基本观点如下：

1. 系统是开放的

系统是一个有目的性的组织或综合的整体，这种组织或整体强调各个组成部分之间的联系。系统是在一定的环境中生存的，并与环境进行物质、能量和信息的交换，因此，系统是开放的。

2. 系统管理

系统管理是一种管理方式，它把组织作为一个系统来设计和管理，使组织的各个组成部分、各种资源按照系统的要求进行和运行。组织是由许多子系统组成的，组织作为一个开放的社会技术系统，是由五个不同的分系统构成的整体，这五个分系统包括：目标与价值分系统；技术分系统；社会心理分系统；组织结构分系统；管理分系统。这五个分系统之间既相互独立，又相互作用，不可分割，从而构成一个整体。

教育的系统管理理论对本研究的启示：教育是由学校教育、家庭教育、社会教育和自我教育相互联系、相互作用而形成的具有特殊功能的有机系统。对于乡村困境儿童而言，一方面，由于家庭教育功能的弱化，父母影响减弱的情形下，需要学校教育及社会教育功能的不断完善来弥补或补救。家庭、学校、社会三方面相互协调，密切配合，不仅有利于教育网络的形成，而且有利于教育网络叠加效应的发挥。另一方面，在

---

① [美] 韦恩·K·霍伊, 塞西尔·G·米斯克尔. 教育管理学：理论·研究·实践 [M].
范国睿，译. 北京：教育科学出版社，2007:21.

乡村困境儿童整个成长过程中，受到诸多环境的影响。教育环境一般可分为家庭环境、学校环境、社会环境。具体来看，家庭、教师、同伴等构成教育的微观环境，父母工作单位、社区、学校管理部门等构成教育的中观环境，社会价值观、习俗等构成教育的宏观环境。这些影响是双向的，他们不仅是被动接受，还常常会以某种方式加工和反馈。运用系统管理理论，以全局观点突破了片面性思维，以开放观点突破封闭性研究，从而将乡村困境儿童教育精准支持问题认识得更清晰，把握得更准确。

三、乡村困境儿童教育精准支持主体、客体、方法、内容的理论框架[①]

研究运用范畴提炼法，[②]整合乡村困境儿童教育精准支持的四个范畴，即乡村困境儿童教育精准支持的主体、客体、内容、方法。也就是要实现对乡村困境儿童教育的精准支持，首先，应明确乡村困境儿童教育精准支持的"主体"，也就是解决"谁"支持的问题；其次，明确乡村困境儿童教育精准支持的"客体"，也就是解决支持"谁"的问题；再次，明确乡村困境儿童教育精准支持的"内容"，也就是解决支持"什么"的问题；最后，明确乡村困境儿童教育精准支持的"方法"，也就是解决"怎样"精准支持的问题。因此，对乡村困境儿童提供的教育精准支

[①] 邓旭，徐镝.困境儿童教育精准支持：主体、客体、方法、内容[J].教育理论与实践，2018(10):18-22.

[②] 范畴提炼法就是当面对众多纷繁复杂的事物，不要圆图吞枣，也不要面面俱到，而是利用"分析—综合"的思维方式对事物进行抽象、概括的过程。分析要具象到事物的基本单位，分析时要有一定的标准，也就是分析维度。在分析的基础上就要进行综合。综合不是简单的加法，不是对原有事物简单的复原，而是一种范畴整合提炼的过程。利用合并同类项的方式，整合比原位高一个层级的关于事物规律性的概括。本研究多次运用了范畴提炼法。如研究提炼出乡村困境儿童教育支持的四个范畴，并对范畴之间逻辑关系进行分析，建构了研究的分析框架；以及对困境儿童教育支持政策内容分析标准的建构时，都运用了范畴提炼法。范畴提炼法是教育科学研究范式中的诠释学范式、批判理论范式和建构主义理论范式的综合运用，是从逻辑结构上对资料进行分析的过程。

持由精准支持的主体、精准支持的客体、精准支持的内容、精准支持的方法四个范畴构成，形成了一个完整的乡村困境儿童教育精准支持的理论架构和实践指向。以实现主体多元互动，客体确认识别，内容全面有效，方法精准到人的乡村困境儿童精准教育支持系统，实现乡村困境儿童接受学校教育由"标准的小众"走向"精准的大众"。

（一）乡村困境儿童教育精准支持的主体：多元与互动

教育支持的提出源于"社会支持"的概念。"社会支持是一定社会网络运用一定的物质和精神手段，对社会弱者进行无偿帮助的一种选择性社会行为，是一个由各方面资源所支撑的能对所需要者提供支持的资源组合。"[①] 因此，教育支持是为保障困境儿童接受平等的受教育机会，在一定的社会网络下运用一定的物质和精神手段，对困境儿童在接受教育上所提供救助、援助和扶持的资源组合。这种支持"不仅限于'教育援助''教育救助'，它还包括权利、机会、精神方面的支持"。[②] 因此，从分类上看，教育支持分为两类，"一类是客观的、可见的支持，包括物质上的直接援助和社会网络；另一类是主观的、体验到的精神上的支持，是个体感受到的被尊重、被支持、被理解的情绪体验"。[③] 因为，对于困境儿童来说，解决生存贫困并不能从根本上消除贫困、摆脱困境，从长远来看，乡村困境儿童摆脱贫困是至关重要的。而儿童时期是积累人力资本的年龄阶段，教育支持可以帮助乡村困境儿童实现人力资本的积累，帮助他们融入学校、社区、社会，具有战略扶贫价值。

从层级上看，在社会支持的理论假设中，宏观层面社会支持主要是从政策、制度、法律等角度研究社会支持系统，其中政府是责任主体，

---

① 周国华. 流动儿童的教育管理与社会支持 [M]. 济南：山东教育出版社，2015:42.
② 余秀兰. 社会弱势群体的教育支持 [M]. 北京：中国劳动社会保障出版社，2007:5-6.
③ 陈旭. 留守儿童的社会性发展问题与社会支持系统 [M]. 北京：人民出版社，2013:243.

市场和社区是社会支持的平台；中观层面主要是从社会资本和社会网络的角度，研究社会成员获得社会支持的情况；微观层面主要是从情感和心理角度研究社会成员获得的社会支持对其身心的影响。因此，乡村困境儿童的教育支持是从广义上理解的，乡村困境儿童的教育支持核心是学校教育，但是这些核心问题的实现与国家政策支持、经济支持和情感与交往等心理支持密不可分。因此，乡村困境儿童的教育支持包括，宏观层面的教育法律支持与教育政策支持、中观层面的学校教育支持以及微观层面的经济支持、情感支持和交往支持。

从支持主体来看，"既有以国家为责任主体的正式教育支持主体，如政策决策机构、国家领导人、职能管理部门等，也有如共青团、妇联、工会[1]等介于政府与民间中间地带的辅助教育支持主体，以及社会志愿者、非政府组织、企业等为责任主体的非正式教育支持主体"。其中，国家、政府是主导，提供强制性支持；学校、社区、家庭是辅助，提供关键性支持；慈善团体、社群组织及志愿者等形成的公民社会是载体，提供志愿性支持；企业、非营利组织等是补充，提供支撑性支持。秉持"家庭尽责、政府主导、社会参与、分类保障"[2]的原则，在这个过程中，这些教育支持主体的交织共融形成了乡村困境儿童教育支持网络。

首先，国家及各级政府是主导，提供强制性支持。政府具有资源调动的能力，"只有国家有能力运用手中的权力保护人民免于社会风险"[3]，必须以"强力推行主体"的角色现身社会福利领域。"政府权力和资源的巨大优势，使之成为社会发展指引方向、制定规则、提供服务和保障

---

[1] 妇联和共青团等这类教育支持主体是正式的国家机构，从属于政府，有较稳定的经费来源，具有一定的行政资源，但它们缺乏正式支持系统中所具有的强制性，其支持方式接近非政府机构民间志愿方式，是一种配合政府的行为，起到扩大、推动与支持政府行为的作用。

[2] 国务院关于加强困境儿童保障工作的意见，国发[2016]36号.

[3] 钱宁. 现代社会福利思想[M]. 北京：高等教育出版社，2006:193.

建构性责任的主要承担者。作为维护和增强自身合法性的必然要求，政府必须以实现人民幸福和社会公平正义为存在的根本目的和主要职责。通过适当的制度安排对市场进行适度干预，给弱者以生存权"①。1992年，我国颁布了《九十年代中国儿童发展规划纲要》，这是我国首次将儿童发展纳入国民经济和社会发展的总体规划，也是我国第一部以儿童为主体、促进儿童发展的国家行动计划；2011年7月，国家颁布了儿童发展的第二个十年发展新纲要《中国儿童发展规划纲要（2011—2010）》，强化政府责任以及儿童工作的法制化和科学化水平，改善我国儿童生存、保护、发展的环境；特别是2016年6月颁布的《国务院关于加强困境儿童保障工作的意见》，首次提出"困境儿童"的概念，成为困境儿童教育支持的纲领性政策。但是在村镇一级仍然存在着"村民对政策了解不多，很多人不会主动申请。村干部往往根据自己对村民家庭情况的了解，将低保名额在村里进行分配，农村低保制度并没有专门对贫困儿童作出规定。因此，村干部在分配名额时也不会考虑'儿童优先'原则。在村干部掌握名额分配权的情况下，'亲情保''关系保''富人吃低保'等现象时有发生，使得一些困境儿童不能顺利得到基本生活补贴。同时，还存在申请程序烦琐，申请条件太多，重复保障、相关政策宣传不到位，政策补贴规模和数量太少，不能做到应保尽保等问题"②。"政府作为政策制定者和推行者，在政策法规的建立、各政策主体间的协调、政策资源提供与整合等方面发挥重要功能"③。但我国无论从困难儿童（乡村困境儿童）支持的政策还是法律体系建设都还不尽如人意，"我国儿童福利与社会保护的法律法规整体而言还存在问题。尚未建立诸如《中华人

---

① 周沛等. 现代社会福利 [M]. 北京：中国劳动社会保障出版社,2014:113.
②③ 唐丽霞，杨亮承. 关爱春雷：农村贫困儿童救助政策评估及建议 [M]. 北京：社会科学文献出版社,2015:113.

民共和国儿童福利法》一类的根本大法，同时在法律体系中，尚未搭建起以家庭保护、社会保护、学校保护、政府保护、司法保护为主体的儿童福利政策框架与福利服务体系。而且在福利保障内容方面，有关儿童生存发展与生活福利的法律很不完善"[1]。由此，政府作为乡村困境儿童救助的重要主体，应建立儿童救助法，从法律层面界定救助的额数、方式与范围等，保障乡村困境儿童的基本生存权利。

其次，学校、社区、家庭是辅助，提供关键性支持。学校承载着为乡村困境儿童传授知识技能和获得职业技能的任务，为乡村困境儿童提供学习、情感、交往的支持；社区承载着与上级沟通、协调、执行与落实有关困境儿童及乡村困境儿童的救助、福利保障等工作，为困境儿童及乡村困境儿童提供政策、空间、活动、环境的支持。但我国的基础教育特别是贫困地区的基础教育，普遍存在教师数量少、教育质量不高、师资力量薄弱、基础设施差等问题。因此，家庭承载着提供经济支持、道德内化和情感慰藉的主要角色。困境儿童特别是乡村困境儿童的家庭贫困使得困境儿童家庭无法提供对困境儿童以及乡村困境儿童的经济支持、道德内化和情感慰藉。应将扶贫政策更多地向困境儿童家庭倾斜，通过产业扶持、危房改造、实用技术培训等途径得以实现。

再次，慈善团体、社群组织及志愿者等载体，提供志愿性支持。如1964年发起于奥地利的国际慈善组织SOS儿童村，由SOS妈妈、兄弟姐妹、家庭住房和村落构成。在我国以天津、烟台为首批建立起来的至今已有10个SOS村的100多个家庭，这些年轻的志愿者"妈妈们"用自己的青春年华为失去家庭的孤儿、流浪儿照亮前行的路。又如，中国较早关注困境儿童以及乡村困境儿童教育的国际非政府组织乐施会，其

---

[1] 刘继同.当代中国的儿童福利政策框架与儿童福利服务体系 [J].青少年犯罪问题，2008(5):20.

与政府部门、大学研究机构、社会团体积极合作，通过调查研究、政策建议和媒体宣传等途径，开展促进偏远农村及农民工子女基础教育质量提升工作，特别是注重农村师资建设，开发乡土课程，提供复式教学方法培训。社团组织（如联合国儿童基金会、中国青少年发展基金会、中国儿童基金会、红十字会、李嘉诚基金会、共青团、妇联等）提供非营利性的社会服务。在政府部门支持下发起的一系列救助项目，如由中国青少年发展基金会发起的，在中国几乎家喻户晓的民间机构——"希望工程"以及"春蕾计划""红十字天使计划""明天计划"等，是对乡村困境儿童教育支持发挥作用的一股重要力量。针对中国中西部贫困地区儿童营养摄入严重不足的问题，由数百名记者、国内数十家主流媒体，联合中国社会福利基金会发起的"免费午餐基金公募计划"，最终影响国务院于 2011 年秋季启动实施"农村义务教育营养改善计划"，大规模改善了全国 680 个贫困县 2600 万乡村儿童特别是乡村困境儿童营养状况。

（二）乡村困境儿童教育精准支持的客体：界定与识别

教育支持对象的界定与识别包括困境儿童（乡村困境儿童）的界定以及资格的确立，它涉及社会的权力结构、社会分层模式、社会福利制度运作模式，以及社会中主导的意识形态和主流的社会价值观，是乡村困境儿童问题研究的逻辑起点和立场。

首先，是对困境儿童（乡村困境儿童）的界定。正如前文对"困境儿童"概念的界定，无论是国家政策层面还是学理分析层面都对困境儿童有了明确具体的界定。困境儿童的困境主要表现为健康获得、知识获取、资源利用三个方面的能力被剥夺，包括"低收入、疾病、人力资本不足、社会保障系统的软弱无力、社会歧视等"[①]。困境儿童[②]的界定在我国经历了三个不同阶段，"改革开放前的孤残儿童、改革开放后的弱势儿童以及 2000 年后的困境儿童"[③]。这一变化轨迹无论是从内涵还是外延上都在进一步地完善，不仅是从个人和家庭的角度，更是从社会发展和社会结构的角度进行界定。"弱势儿童"的界定增加了"孤残儿童"没有涵盖的农村留守儿童、农民工随迁子女、被拐卖儿童等群体，这一时期把家庭的经济状况作为概念界定的决定性因素，很多处于困境中的儿童被排除在外。于是出现了"困境儿童"的概念。"困境儿童"的界定从社会性困境的角度分为了生理性困境、社会性困境以及双重困境，呈现出一个相对清晰的发展脉络。"从改革开放前的政治宣传的需要，到改革开放后的社会管理的需要，直到 2000 年后的基于人权保障的需要"[④]，实现由扶贫到脱贫、由普惠到精准的转变。

其次，对困境儿童（乡村困境儿童）的识别。不同的困境儿童识别的依据和标准会导致不同的困境儿童资格确立的形式。普遍性支持与选择性支持是两种不同的困境儿童识别形式。普遍性支持是以群体为导向的分配，以相同属性需求的群体成员为条件，确定资格的方法是，只要属于相同需求的这个群体如失业者、农民工子女、烈士子女等，就应该享有教育的支持和援助。而选择性支持是以个人为导向的分配，根据个

---

① 刘家强等. 中国新贫困人口及其社会保障体系建构的思考 [J]. 人口研究，2005(5):15.

② 北京大学与芝加哥大学 2016 年发布的《中国儿童发展报告》称，据 2010 年第六次人口普查的数据，中国 0—17 岁的儿童人口为 2.79 亿，其中有 55% 的儿童生活在农村，有近 1/5 的农村儿童生活在贫困家庭中，这一数据还不包括生理性困境儿童和社会性困境儿童的数量（目前还没有来自官方的权威确切数据）。除了经济资源之外，家庭环境、同辈群体、学校、社区环境等环境中的成长经历都会对他们的未来影响深远，而接受平等公平的教育是保障儿童基本权利实现的前提。生理上的困境、生活条件差、家庭收入少、父母受教育水平低等因素，直接让困境儿童处在一个极其不利的生存条件中。这些当下的感觉与落差在不同程度上会影响到其未来的生活。

③④ 周佳. 处境不利儿童平等发展权的社会保障研究 [M]. 北京：北京大学出版社，2016:25—27.

人需求和条件来确定是否支持与支持多少，对特殊服务需求的群体如生理性困境儿童、社会性困境儿童以及双重困境儿童等，通过技术性的诊断确立资格。困境儿童（乡村困境儿童）属于"儿童"范畴，其群体特征具有双重性，具备作为"儿童"的"一般"属性和作为"困境儿童"的"特殊"属性，两种属性交织存在。从一般属性上看，他们属于未成年的社会群体，没有完全的行为能力，教育是他们成长和发展的必要；从特殊属性上看，处在困境中的儿童及乡村儿童，教育支持便是他们成长和发展的必需。因此，基于困境儿童及乡村困境儿童群体特征，其资格的确立更适于选择性支持的方式。选择性支持方式弥补了普遍性支持方式的低效率、高重心、重救济等弊端，实现了困境儿童及乡村困境儿童教育支持的重心降低、精准到人、服务到位，实现了我国的社会福利制度从基于需求提供的救济转向基于权利提供的服务。

（三）乡村困境儿童教育精准支持的方法：重心下移与精准到人

我国经历了 1949—1977 年"政府救济式扶贫"到 1978—1985 年"改革带动式扶贫"，再到 1986—1993 年"规模开发式扶贫"，最后到 1994—2000 年"重点攻坚式扶贫"，直至 2001—2013 年"多元参与式扶贫"，以及 2014 年至今的"新时期精准扶贫"六个阶段。[1] 从高度计划经济体制时期救急不救穷输血式的政府一元化的公益性救济式扶贫模式，到改革开放后以政府为主导的区域性与政治性并存的外力推动模式，到 20 世纪 80 年代转型期以国定贫困县为瞄准单位，逐步确定了以县为单位的开发式扶贫模式，再到 1994 年"中国历史上第一个有明确目标、对象、措施和期限的扶贫计划"[2]，《国家八七扶贫攻坚计划》的颁布与实施，中国扶贫进入了艰巨的攻坚阶段，直至中央颁布实施了《中国农村扶贫开

---

① 杨道田. 新时期我国精准扶贫机制创新路径 [M]. 北京：经济管理出版社，2017:17-43.
② 邓旭，徐镐. 困境儿童教育精准支持：主体、客体、方法、内容 [J]. 教育理论与实践，
　2018(10):21.

发纲要（2001—2010 年）》，瞄准单位从贫困县转向贫困村，打破以政府为唯一主体的扶贫格局，引入社会机制和市场机制的多元参与扶贫模式，最后到 2014 年 5 月，国务院扶贫开发领导小组办公室、中央农办、民政部、人力资源和社会保障部、国家统计局、团中央、中国残联联合下发《关于印发〈建立精准扶贫工作机制实施方案〉的通知》，中国扶贫进入了精准扶贫模式。

　　教育精准支持是基于 2013 年习近平总书记首次提出的"精准扶贫"的重要理念，其中"精准"一词是针对以往扶贫以县为单位进行的整体扶贫没有针对性、脱贫效果不理想的情况下提出的。"精准"体现为精确瞄准、靶向扶贫，使我国扶贫瞄准单元经历了由县到村再到户的不断精准转变，扶贫方式由大水漫灌向精确滴灌转变，从体制上实现由原来的"中央统筹、省负总责、县抓落实"的管理体制到如今的"到村到户，逐村逐户"的重心下移，旨在改变"扶县不扶民"的现状。"精准扶贫"实行"规划到户、责任到人"的"双到"模式。"规划到户"就是明确"解决谁的脱贫"，通过检点立卡实现定点帮扶、动态管理；"责任到人"就是解决"谁去解决脱贫"问题。"双到"模式强调扶贫主体的责任明确与扶贫对象的精确瞄准，开展到村到户的建档立卡工作和贫困救助，并明确要求做到"六个精准"，即扶贫对象精准、项目安排精准、资金使用精准、措施到户精准、因村派人（第一书记）精准、脱贫成效精准。

　　在这样的背景下，教育在帮助乡村困境儿童走出困境、实现成长与发展的过程中，也应该提供精准的支持：由过去以县到以乡到以户为单位的撒网式支持，实现重心的进一步下移，精准到每个人，也就是"一对一"地针对每个乡村困境儿童的转变，强调精准、个性化、因地因人、因事制宜。也就是说，当把"每一个""这一个"人都作为我们关注点的时候，那些"忽略人""歧视人"甚至"抛弃人"的现象在很大程度上就会被揭露出来了。[1] 通过对乡村困境儿童学校教育支持的对象精准、教育支持方法精准，实现"一对一"的乡村困境儿童学校教育精准支持。在全纳教育的理念下，使每类乡村困境儿童中的每一个乡村困境儿童在国家建立的困境儿童教育安置体系的框架内，有机会接受适合的、有针对性的、个性化的学校教育支持。如对于家庭贫困的乡村困境儿童，给予教育资助和经济补偿；对于轻度或中度残疾的乡村困境儿童，提供随班就读的学校教育支持体系；为不能进校就读的重度残疾的乡村困境儿童提供送教上门服务；对流浪儿、孤儿、事实无人抚养等乡村困境儿童建立"一个都不能少"的入学保障机制等。

（四）乡村困境儿童教育精准支持的内容：生存、保障、发展

"从最初以财富多寡论贫困到今天以自由发展权利空间看贫困，从致贫原因到扶贫措施的论证，也经历了从单一到多元、物质到精神的质变"[2]。对乡村困境儿童教育支持的内容遵循补偿性的社会救助向发展性的教育支持转变的原则，"一方面要实现乡村困境儿童的生存性福利，即为满足乡村困境儿童的基本生存需要（如营养、健康、生活等）提供明确的乡村困境儿童福利制度保障；另一方面要发展乡村困境儿童保护性福利，即为满足乡村困境儿童的受保护需要，制定一系列关于家庭保护、学校保护、国家保护以及司法保护等乡村困境儿童福利制度。此外，还要拓展乡村困境儿童的发展性福利，即为满足乡村困境儿童的发展需要（如心理健康、文化教育、精神娱乐、劳动就业、社会参与等）制定系列乡村困境儿童福利制度安排"[3]。

[1] 周佳. 处境不利儿童平等发展权的社会保障研究 [M]. 北京：北京大学出版社，2016:7.
[2] 刘晓玲. 经济发达城市中贫困儿童福利研究 [M]. 北京：中国社会科学出版社，2016:2.
[3] 徐中. 中国未来儿童福利体系展望 [J]. 社会福利，2015(2):13.

　　因此，当代社会不仅仅"把收入低下、缺乏基本物质生活条件称为贫困，而且把缺乏发展的能力和机会都看成是贫困。所以反贫困也不仅仅是物质上以保证最低的生活标准的救助，还要提供发展的机会和能力。而要做到这一点，最重要的是提供教育支持和采取消除社会排斥的社会政策。从个体角度来看，接受教育首先是人的基本权利，从社会角度来看，建构平等、无差别、无歧视的教育环境，保障每个人的受教育权，则是实现教育公平和社会公正的一个重要方面。更为关键的是，为弱势群体提供教育支持，为他们获得发展、消除贫困提供能力，使其获得知识，提高劳动技能、增强其就业能力"。①但是，由于乡村困境儿童所在区域大多是位于经济贫困和教育水平低下地区，乡村困境儿童父母教育投资能力有限，形成顽固的乡村困境儿童贫困的代际传递。因此，只有为乡村困境儿童提供公平而有质量的教育支持，才能从根本上解决这一问题，实现从单纯的对乡村困境儿童的国家救助，转向对乡村困境儿童的基本生存能力培养及就业技能培训，实现由输血向造血转变。在这个过程中，还要积极推进全纳教育，使每个残疾困境儿童都能接受合适的教育。要对乡村困境儿童进行分类教育精准支持，建立乡村困境儿童教育安置体系。根据乡村困境儿童的不同处境与困境，提供针对性、个性化的教育服务与保障。对于家庭经济困难的乡村困境儿童，要落实教育资助政策和义务教育阶段"两免一补"政策。对于残疾乡村困境儿童，要建立随班就读支持保障体系，其中家庭困难的乡村困境儿童，还要提供包括义务教育、高中阶段在内的12年免费教育。②正如2014年12月25日国务院颁布实施的《国家贫困地区儿童发展规划（2014—2020年）》中指出："逐

---

①余秀兰.社会弱势群体的教育支持[M].北京：中国劳动社会保障出版社，2007:5-6.
②2016年6月国务院颁布《关于加强困境儿童保障工作的意见》，国发[2016]36号.

步提高特殊教育学校生均公用经费标准，对残疾学生实行免学杂费、免费提供教科书、补助家庭经济困难寄宿生生活费等政策，进一步加大残疾学生资助力度。"并在有条件的地区为不能进校就读的重度残疾儿童少年提供送教上门服务以及在儿童福利机构建设特教班。积极创造条件，扩大普通学校随班就读规模，鼓励农村残疾儿童就近接受教育。促进普通教育与特殊教育的融合。2017 年 5 月 1 日新修订的《残疾人教育条例》也再次强调"残疾人教育应当提高教育质量，积极推进融合教育"。[①]

四、乡村困境儿童教育精准支持的实践指向

近年来，无论是政府的政策关注还是学者的研究旨趣都聚焦于乡村教育。而对乡村教育的关注又不可回避地关注乡村教育的主阵地乡村小规模学校[②]的生存与发展问题、乡村小规模学校的去与留、乡村小规模学校的困境与出路、乡村小规模学校标准建设、乡村小规模学校教师发展等问题。面对乡村小规模学校的学生大多数为"走不掉、过不好、保障差"[③]的诸如单亲家庭儿童、家庭贫困儿童、事实无人抚养儿童、孤儿、残障儿童等困境儿童群体的现实，对乡村小规模学校的研究是乡村困境儿童教育支持研究的逻辑起点，也是乡村小规模学校价值意蕴的应有之义。

其秉持的研究立场为：与所有的适龄儿童一样，应当保障农村学龄人口特别是农村适龄困境儿童，接受学校教育以及就近入学的权利；与

---

① 融合教育作为一种特殊的教育门类，专指针对特殊对象的教育活动，它强调的是让有特殊需要的儿童尤其是残障儿童进入到普通学校学习；通过学习及社会化活动，使残障儿童融入正常社会之中。转引自周德钧，王之. 流动儿童的成长困境与融合教育之道 [M]. 武汉：华中科技大学出版社，2014:9.

② 乡村小规模学校是指位于我国乡村地区，学生人数少于 100 人的不完全建制学校，包括村小和教学点。

③ 调研中发现，乡村小规模学校留守儿童比例为 53.03%，贫困生比例为 28.77%，父母离异的比例为 5.43%，智力、听力、视力等残障学生比例为 2.29%。转引自凡勇昆，常雪."走不掉的一代"：关注乡村小规模学校中的边缘群体 [J] 教育发展研究，2017(15−16):52.

大规模学校一样，小规模学校也具有独特优势；与城市教育一样，乡村教育与城市教育具有同等价值。因此，在美丽乡村建设背景下，在城乡建设一体化建设进程中，小而美、小而优的乡村小规模学校成为乡村困境儿童①接受学校教育的主阵地，让乡村困境儿童接受独特的乡村教育成为可能，践行着乡村教育乡土文化传承的时代使命。

（一）提供乡村困境儿童接受公平的学校教育的机会

与所有适龄儿童一样，包括乡村困境儿童在内的所有乡村儿童有接受公平教育的权利，为乡村困境儿童提供接受学校教育的机会是乡村困境儿童教育支持的起点和前提，保障乡村困境儿童接受"进得来"的学校教育。对于生活在乡村的单亲家庭儿童、家庭贫困儿童、事实无人抚养儿童、孤儿、残障儿童等困境儿童群体来说，他们或因家庭经济原因，或因自身健康原因，或因家庭以及儿童自身双重原因而无法离开乡村，他们是停留在乡村"走不掉"的边缘群体，而乡村小规模学校是乡村困境儿童教育支持的主阵地，承载着无数困境儿童及其家庭通过教育摆脱困境的希望，也是这些困境家庭和困境儿童接受学校教育、改变生活现状的唯一寄托。尽管乡村小规模学校经历了撤与并的坎坷，经历着办与停的挣扎，甚至处于"空壳学校"的尴尬境地，但是我们仍然无法回避乡村里"走不掉"的困境儿童的无助与渴求，不得不正视这些边缘群体最基本的教育需求。随着 2018 年国务院办公厅《关于全面加强乡村小规模学校和乡镇寄宿制学校建设的指导意见》的下发，最终迎来了乡村小

---

① 困境儿童的概念是在区别弱势儿童、留守儿童、贫困儿童的概念使用中逐渐出现的。作为困境儿童保障的纲领性政策《国务院关于加强困境儿童保障工作的意见（2016）》中，依据困境儿童"致困原因"，将困境儿童分为"因家庭贫困导致生活、就医、就学等困难的儿童，因自身残疾导致康复、照料、护理和社会融入等困难的儿童，以及因家庭监护缺失或监护不当遭受虐待、遗弃、意外伤害、不法侵害等导致人身安全受到威胁或侵害的儿童。"与弱势儿童、留守儿童、贫困儿童的概念不同，困境儿童概念的提出，使其受众对象更加广泛，类型划分标准更加明确并具有可操作性。

规模学校恢复与建设的光亮，同时也照亮了"走不掉"的乡村困境儿童接受学校教育前行的路。尽管乡村小规模学校沉淀在我国教育体系的角落里，但乡村小规模学校为乡村儿童特别是乡村困境儿童接受义务教育提供机会，为乡村困境儿童实现就近入学提供可能，保障包括乡村困境儿童在内的乡村儿童接受义务教育的权利，为处于困境中的底层适龄儿童受教育机会兜底等这些不争的事实，是我们无法回避的。所有的诉求与现实的需求以及国家政策的回应都足以说明小规模学校不仅会长期存在，而且将会成为未来乡村教育的新常态。

（二）革新乡村困境儿童接受有质量的学校教育的手段

在提供和扩大乡村困境儿童接受学校教育机会的基础上，与所有适龄儿童一样，包括乡村困境儿童在内的所有乡村儿童有接受有质量的教育的权利，改革与创新乡村小规模学校的教育教学手段，是乡村困境儿童接受有质量的教育的关键，保障乡村困境儿童接受"学得好"的学校教育，也是建设小而美、小而好、小而优的农村小规模学校的应有之义。重新认识乡土的意义，乡土对于教育的意义以及乡土对于学校的意义；充分发挥乡土教育价值；挖掘乡村小规模学校的独特优势。在大力发展劳动教育这个时代命题的映照下，开展"以天地为课堂，以万物为教材"有根的、绿色的、"别样的童年"的教育。乡土这个"沉默"的教育资源承载着诸多优秀传统文化的厚重品性，蕴含着乡土课程的独特优势。"乡村特色课程建设""乡土田园课程开发"中同样有大量的科学、政治、经济和文化素材可以用于教学，艺术、体育、文化课程都可以以乡村特色的内容为媒介而就地取材。儿童从中感受并理解着四季的流转，时节的更替，万物的生长，在劳动的收获中回答对知识的疑惑或未知，发挥着学科教育和品德教育的作用。寓养成教育于日常生活，寓学科教学于生活经验，实现基于乡土乡情的有效教学，让素质教育在乡村教育的土壤上变得切实可行。乡村教师和学生一起，借助已有的、儿童熟悉的生活经验，捕捉生活经验，对具体的生活经验进行抽象提炼。一方面，教师把语言文字或数学关系这种抽象符号用学生熟悉的日常经验如春游、饲养鸡鸭等，使儿童熟悉的日常在教育中得到抽象化的示范；另一方面，教师把儿童身边的日常如那山、那水、蓝天白云等转化为一个故事、一篇作文或一幅充满想象的绘画作品，使教材中的知识在教学中得到具象化的揭示和解释。"在教学目标上改变过去升学至上的应试教学目标与教学内容，重新确立促进农村学生全面和谐发展的素质教育目标；在教学内容上既要保证实现国家对义务教育阶段学生规定的基本要求，又要联系农村实际，突出乡土特色，适当增加职业教育内容，加强普通教育与职业技术教育的沟通与融合，为农村学生在提高基本素质的同时，继续升学或选择就业和创业做好准备"[①]。这种内生的发展愿望，让原本陷于追求"升学至上"重新复位，让原本寂寥的乡村小规模学校再度充满生机，让原本处于低迷的乡村小规模学校的教师和学生重新焕发生机，让原本在城乡教育一体化进程中迷失的乡村教育重新回归乡村教育应有的模样。

（三）精准识别教育帮扶对象的分类需求

　　"精准"是教育扶贫的灵魂，贯穿教育脱贫攻坚的始终。教育扶贫是精准扶贫的重要方式，乡村小规模学校对乡村困境儿童的教育支持，是教育扶贫的重要载体，教育帮扶在"帮扶谁"和"怎么帮"上要更有靶向性。在帮扶对象上，精确识别乡村困境儿童类型，分类施策；在帮扶措施上，精细识别不同类型乡村困境儿童的需求差异，国家和政府应

[①] 纪德奎等．我国农村学校文化转型论 [M]．北京：中国社会科学出版社，2017:223.

建立困境儿童精准识别大数据信息库，实现困境儿童精准帮扶"一个都不能漏"；地方教育行政部门应把对困境儿童的帮扶作为重要的评价指标，实行"一校一对标"，实现困境儿童分类需求的精准对接；学校应制定具体可行的"一校一案"困境儿童教育帮扶，实现困境儿童分类需求的教育精准支持。对于家庭贫困的困境儿童，给予教育资助和经济补偿；对于轻度或中度残疾的困境儿童，提供随班就读的学校教育支持体系；为不能进校就读的重度残疾的困境儿童提供送教上门的教育支持服务；对流浪儿、孤儿、事实无人抚养等困境儿童建立"一个都不能少"的入学保障机制；对于缺少陪伴与关爱的乡村留守儿童配备心理健康教师和提供专项课程；对于建档立卡学龄后困境青少年，提供就业创业需求的职业技能培训等。我们看到，这样的现实需求背后也有政策回应。2013年11月颁布《中共中央关于全面深化改革若干重大问题的决定》，提出健全困境儿童分类保障制度；2013年6月民政部颁布《关于开展适度普惠型儿童福利制度建设试点工作的通知》，提出建立适度普惠、分层次、分类型、分标准、分区域的儿童福利分类保障制度；2016年6月国务院印发《关于加强困境儿童保障工作的意见》，提出加强困境儿童分类保障的要求，使得困境儿童类型细化，保障范围扩大，保障数量增加，为困境儿童提供精准识别、分类施策、重心到人的教育精准支持成为现实期待。

第三章

乡村困境儿童教育精准支持的现实审视

　　研究选取了安徽省霍邱县长集镇 D 村作为实地调研的地区，并选取了三名不同类型的困境儿童作为研究对象，深入调研实地，对安徽省霍邱县长集镇 D 村的三名不同类型的困境儿童接受教育支持及保障的现实进行调查研究，以期透过具有典型性和代表性的三名不同类型困境儿童教育支持的审视，为困境儿童教育支持的改进提供依据。

一、个案选择的缘由

　　安徽省霍邱县长集镇是国家级贫困县，位于霍邱县县城南部 33 公里，全镇辖 17 个行政村，4 个街道，D 村位于长集镇区北部 2 公里，全村辖 8 个村民组，农户 791 户，人口 3192 人，耕地 4305 亩。D 村现有村干部 7 名，村党总支共有党员 97 名，下设 2 个支部，10 个党小组。该村共有建档立卡的困境儿童 36 名，包含三个主要类型的困境儿童：生理性困境儿童、心理性困境儿童以及社会性困境儿童。困境儿童的类型具有一定的典型性和代表性，36 名困境儿童中，有能够进入特殊学校学习的困境儿童，也有能够接受随班就读的困境儿童，也有由于重症残疾无法自理而只能瘫痪在家的困境儿童。从这 36 名困境儿童中，调研组选取了 3 名困境儿童，类型 1：由于重大生理疾病无法接受任何教育形式的困境儿童；类型 2：虽身体有障碍但仍可以进行随班就读的困境儿童；类型 3：身体健康但事实无人抚养的困境儿童。

　　调研组在为期五天的调研过程中，得到当地镇政府、村党支部的大力支持和帮助。此次调研在 D 村党支部 Z 书记的帮助下，调研得以顺利地、无障碍地、全方位地"进入"实地，获取第一手资料，并进行深度的访谈和全面的观察。在 Z 书记陪同调研组调研的过程中，得到了一个基层村书记对国家扶贫政策以及困境儿童帮扶政策的专业解读和富有特色的实际有效的帮扶措施，看到了一个村书记的敬业、不易与专业，令人敬佩，为我们调研的顺利完成提供了保障。

二、安徽省霍邱县长集镇 D 村的总体情况概述

（一）地理位置

安徽省地处中国华东地区，经济上属于中国中东部经济区。地处长江、淮河中下游，长江三角洲腹地，居中靠东、沿江通海，东连江苏、浙江，西接湖北、河南，南邻江西，北靠山东，土地面积 13.94 万平方公里，人口 6323.6 万。辖 30 个乡镇、1 个省级经济开发区。长集镇位于霍邱县南部，地处大别山外围，大都是低缓丘陵，属温带气候。东临夏店镇，西与乌龙镇、河口镇隔沣河相望，南与众兴集镇接壤，北与岔路镇相连。东有津东干渠南北贯穿，沣水沿镇西、镇北蜿蜒流淌，310 省道贯穿全境，并设有县级客运站。长集镇原名五四公社，1983 年撤社建乡改名长集乡。1992 年撤区并乡，长集单独建镇，辖 17 个村，1 个街道。2011 年并村，辖 9 个村，191 个村民组；总面积 71.5 平方千米，其中耕地面积 7.705 万亩，总人口 37805 人。D 村位于霍邱县到六安市之间的枢纽位置，现有村干部 7 名，村党总支共有党员 97 名，下设 2 个支部，10 个党小组。

长集镇是农业大镇，以种植水稻、小麦为主，辅以油菜、花生、果蔬，因长集镇大都位于丘陵地带，怕旱；而沣河沿岸地势低洼又易涝。农业生产靠天，粮食产量低。中华人民共和国成立后，党和政府大兴水利，特别是 1961 年沣东干渠挖成通水，从此长集镇摆脱"三天不雨小旱，十日不雨大旱"的状况。随着改革开放不断深化，长集镇形成以珠辉塘现代农业示范园为依托，以社会化服务为支撑的立体式复合型农业经营

体系，将农业灌溉、水面养殖、塘埂植树等多种经营化为一体带动农民就业增收，增强农业、农村发展新功能。在农业生产中，加大科技含量，粮油棉生产基本实现良种良法，果蔬经济类作物种植基本实现名、特、优，并先后在钱店、小园村实施万亩水稻、小麦高产创建工程，大力推进土地流转工作。到2016年底，全镇土地流转22130亩，承包千亩以上种植大户14户，建家庭农场37个，涌现一批新型农民、职业农民，为农业规模化、集约化、高效化经营提供了广阔空间。

（二）人口特征

2018年，全省户籍人口7082.9万人，户籍人口城镇化率32.65%，常住人口6323.6万人，增加68.8万人，常住人口城镇化率54.69%，全年人口出生率12.41‰，死亡率5.96‰，自然增长率6.45‰。全省从业人员4385.3万人，其中，第一产业1353.6万人，第二产业1263.3万人，第三产业1768.4万人。城乡私营企业从业人员和个体劳动者1410万人，全年城镇实名制新增就业70.5万人，下岗失业人员再就业21.15万人。城镇登记失业率2.83%。全省农民工总量1952.4万人，其中外出农民工1429.1万人。安徽省具有庞大的外出农民工数量，2013年长集镇全镇外出务工人员1.2万人，其中初中文化程度以上有3361人，高中以上有8639人，共占长集镇农村劳动力2/3。（见表1）

表1：2018年安徽省常住人口及构成

指标	年末数（万人）	比重（%）
常住人口	6323.6	
其中：城镇	3458.4	54.69
农村	2865.2	45.31
其中：0—15岁	1259.0	19.91
16—59岁	3904.9	61.75
60周岁以上	1159.7	18.34

（数据来源：安徽省人民网 an.people.com.cn）

（三）经济条件

2018 年，全省财政收入突破 5000 亿元，达 5363.3 亿元，比上年增长 10.4%。（见图 4）

10000					
3365.1	3663	4012.2	4373.2	4857.6	5363.3
0					
2013年	2014年	2015年	2016年	2017年	2018年

图 4: 2013—2018 年安徽省财政收入 单位：亿元

其中地方财政收入 3048.7 亿元，增长 8.4%。全部财政收入中，税收收入 4419 亿元，增长 11.9%。财政支出 6572.1 亿元，增长 5.9%。重点支出项目中，社会保障与就业支出增长 10.7%，城乡社区事务支出下降 1.7%，科学技术支出增长 13.2%，教育支出增长 9.7%。全年 33 项民生工程累计投入 1067.3 亿元。安徽省经济水平逐年提高，对于教育支出和民生工程的投入也不断加大。全年全省常住居民人均可支配收入 23984 元，城镇常住居民人均可支配收入 34393 元，人均消费支出 21523 元。全年农村常住居民人均可支配收入 13996 元。

2018 年，霍邱县居民可支配收入 15190 元，同比增长 10.0%。其中，城镇常住居民人均可支配收入 25711 元，同比增长 8.7%；农村常住居民人均可支配收入 11165 元，同比增长 9.9%。2018 年全县农村低保对象 22296 户 34677 人，全年累计发放低保资金 9654 万元；全县城镇低保对象 10229 户 12989 人，全年累计打卡发放低保资金 5198 万元。全年累计医疗救助 67555 人次，拨付救助资金 3911 万元。全年累计发放特困人员供养经费 7622 万元，发放各类优抚资金 7449 万元。全年救助流浪乞讨人员 613 人次，发放救助资金 152 万元。

（四）教育情况

安徽省作为我国的教育大省之一，2018 年安徽省各类学校数共20720 所，其中特殊教育学校 73 所，占学校总数的 0.35%。安徽省 2018年在校生人数总共 1198.9 万人，特殊学校在校生人数 3.1 万人，占总人数的 0.26%。专任教师数总共 66.7 万人，特殊教育类专任教师数 1748 人。（见表 2）

表 2: 2018 年安徽省教育概况

	学校数（所）	在校生人数（人）	专任教师（人）
研究生培养机构	21	63464	计入高等教育
普通高等学校	110	1139112	61089
成人高等学校	6	195952	552
中等职业学校	344	752810	27323
中学	3494	3166406	237483
小学	7908	4568379	249323
幼儿园	8782	2072420	90115
特殊教育学校	73	31450	1748
工读学校	3	0	33
合计	20720	11989993	667666

（数据来源：安徽省教育厅网站 www.ahedu.gov.cn）

安徽省霍邱县 2018 年全县共有各类学校 410 所，在校学生 19.62 万人。其中：中等职业技术学校 5 所，在校学生 1.02 万人；中小学校以及幼儿园共计 404 所，在校学生 18.6 万人。特殊教育学校 1 所，在校学生186 人。全县教职员工 12104 人。2018 年，全县参加高考学生 4909 人，本科达线 3284 人，本科达线率 66.9%。初中生源回流近 5000 人，生源外流问题基本解决。（见表 3）

表3：2018年霍邱县教育情况

	学校数（所）	在校生人数（万人）	专任教师数（人）
中等职业学校	5	1.02	436
普通中学	86	5.5	11637
小学	208	9.37	
幼儿园	110	3.7	
特殊学校	1	0.0186	31
合计	410	19.6086	12104

（数据来源：安徽省霍邱县人民政府网站 www.huoqiu.gov.cn）

三、研究方法

此次实地调研以实质性研究方法为主，采用个案研究法，对3名不同类型的乡村困境儿童通过观察法进行调查研究，并辅之以访谈调查法，对安徽省霍邱县长集镇D村乡镇政府扶贫办负责人以及办事人员、主管教育部门相关负责人及相关工作者、安徽省霍邱县中小学校长及教师、安徽省霍邱县特殊学校的领导及教师，以及有实行融合教育的安徽省霍邱县中小学校长、教师和安徽省霍邱县乡村困境儿童的监护人进行访谈。调研组还对C市H区的两所特殊教育学校进行了校长的个别访谈和教师的集体座谈。并结合案例研究法，对我国乡村困境儿童教育支持的实践、经验与反思进行实事佐证，了解乡村困境儿童困境与需求，呈现乡村困境儿童教育支持的样貌与图景，探寻乡村困境儿童教育支持的改进与完善。

（一）个案研究法

个案研究法以个案为考察对象，通过观察和访谈进行实地调查，通过写日记、备忘录等方式做好观察记录，结合观察法、访谈法、文献法等进行相关材料收集，并利用问卷、描述统计、图片、影像等方法辅助记录，最后整合所得资料，得出研究结论，提出研究观点。个案即现象的一个具体的实例，可以以一个或多个个体作为研究的对象，个案研究是为了理解这一现象，其所获得资料以定性资料为主，主要进行深度描述分析，以达到对具体对象的理解和认识。个案研究法虽然以个案为研究对象，但是可以将研究结果推广到一般情况中，也可以将研究结果在多个个案之间进行比较研究，从具体分析中抽出一般模式，实现通过对个案的判断为一般研究提供经验报告的目的。

本书中，个案研究对象聚焦在不同类型乡村困境儿童教育支持的调查研究。首先，选择"实地"。研究选取了安徽省霍邱县长集镇 D 村，充分考虑了实地选择的"相关性"与"方便性"的原则。安徽省霍邱县长集镇 D 村不仅是当时的国家贫困县，而且乡村困境儿童的类型齐全，符合研究实地与研究主题密切相关的场所所具有的"相关性"；在实地选取符合相关性的前提下，安徽省霍邱县长集镇 D 村有客运大巴等交通工具可以达到地理位置因素，有 D 村书记提供的便捷走访资源的提供，在当地具有比较广泛的社会资源，使得调研小组能够易于进入实地，具备实地选取的"方便性"。其次，顺利进入现场。顺利进入现场是个案研究取得成功的关键步骤。依据本研究对象的特点和考虑到研究的时间和效率，研究小组进入现场的方式采取通过研究对象所生活的社区的"熟人"这样非正式的渠道，以研究者的身份进行直接而正式的观察和访谈。进入观察现场后，研究者通过当地比较有威望的 D 村 Z 书记的必要的介绍和解释说明，让乡村困境儿童以及其监护人消除戒备心理。在调研小组说明来意后，被调查者都放下戒备给予积极配合。在调研过程中，追寻了安徽省霍邱县长集镇 D 村乡镇政府扶贫办负责人以及办事人员，完成了滚雪球抽样的调研资料。该村共有建档立卡的乡村困境儿童 36 名，包含三个主要类型的乡村困境儿童：生理性困境儿童、心理性困境儿童以及社会性困境儿童，抽样困境儿童的类型具有一定的典型性和代表性。调研组从这 36 名乡村困境儿童中选取了三名不同类型的乡村困境儿童作为研究对象。

（二）观察法

由于困境儿童自身存在许多生理性的疾病和障碍，不能直接表达他们的需求和感受，而乡村困境儿童的监护人多数是没有受过教育的年迈老人，或者是监护人缺失，或者监护人自身是有交流障碍的残疾人。因此，决定采用观察法作为获取研究资料的另一种途径。"观察法是研究者在实地研究中，有明确目的地以感觉器官或科学仪器去记录人们的态度和行为。和日常生活中人们的观察不同，作为系统的观察必须符合以下的要求：（1）有明确的研究目的；（2）预先有一定的理论准备和系统的观察计划；（3）用经过一定专业训练的观察者自己的感官及辅助工具，去直接地、有针对性地了解正在发生、发展、变化的现象；（4）有系统的观察记录；（5）要求观察者对所观察到的事实有实质性、规律性的解释"。①针对本研究实际，研究小组采取了不掩饰研究者身份，在得到研究对象的许可后，进行深入观察活动的"半参与观察"的形式进行观察。为了避免定性描述资料的琐碎与凌乱的弊端，观察小组决定观察资料的获取，采取半结构式观察的方式，在已有的乡村困境儿童教育支持主体、客体、内容、方法四个范畴框架下，将乡村困境儿童的生活环境、居住环境、监护人的基本情况、监护人的观念、乡村困境儿童的困境和需求作为观察的重点内容。同时，随着观察的深入，不断补充与完善研究发现与研究结论。调查小组通过接触摘要单、写备忘录、研究小组讨论、个案摘要、精简观点等方式进行资料记录，同时使用摄影和录像设备辅助记录，便于事后进一步观察和资料的整理。为了克服观察法的随机性与难以预测性的局限，保证观察法的可信度和有效度，对乡村困境儿童以及其监护人的表情、动作、情绪等细微之处的变化等都作为观察点加以观察。对观察资料的处理，采用现象学的呈现方式，对观察过程进行情景再现，通过反思，得出一般性的研究结论和改进策略。

---

① 林聚任，刘玉安.社会科学研究方法（第二版）[M].济南：山东人民出版社，2004:199.

（三）访谈调查法

访谈调查法即通过口语访问的形式，对研究者提出事先准备好的、有针对性的问题，并对受访者的回答进行记录和整理，从而获取真实、客观的资料。无论是交谈还是倾听，都是为了获取丰富、详尽、可以用于质性分析的资料。访谈对象所在地区是我国西部地区的 C 市和中东部地区的安徽省霍邱县长集镇 D 村。访谈分两个阶段，第一阶段 2017 年 11 月 10 日—11 月 13 日，访谈采取对 C 市两所特殊教育学校校长的访谈和对教师的座谈的形式；第二阶段 2018 年 9 月 15 日—9 月 20 日，访谈采取对长集镇 D 村书记、学校教师、监护人的个别访谈的形式。访谈人员包括政府扶贫办的领导及工作人员；村镇党支部书记；教育行政部门领导及工作人员；普通中小学乡村困境儿童随班就读班级的班主任教师；特殊学校的校长、教师以及乡村困境儿童监护人。这些访谈对象分别属于"对关键信息提供者的访谈""对乡村困境儿童教育支持关键提供者的访谈"以及"对乡村困境儿童监护者的访谈"。其中，政府扶贫办的领导及工作人员、村镇党支部书记、教育行政部门领导及工作人员的选取是"对关键信息提供者的访谈"。"在关键信息访谈中，访谈者从那些具有特别知识和感性知识的个人着手处理信息，重要的提供信息者通常具备更多的知识、更好的沟通技巧以及与特定人群中其他成员不同的感性知识"[1]。研究小组从镇政府扶贫办的领导及工作人员的访谈中，获取了有关镇政府对国家扶贫政策的理解和解读，以及乡镇一级在困境儿童帮扶工作中的经验与困难的相关资料和信息；从对基层乡党支部书记的无结构式访谈中，获取了有关基层村干部对困境儿童帮扶采取的因地

---

[1] [美] 高尔等.教育研究方法导论（第六版）[M].许庆豫等，译.南京：江苏教育出版社，2002:258.

制宜具有鲜明地域特点的资料和信息，在为期 5 天的调研期间，安徽省霍邱县长集镇 D 村 Z 书记对国家政策的专业精准的诠释与对村民的解释与帮助，对村民的各种问题的深入一线和专业负责行为，都给我们留下了深刻印象，为我们能够顺利进入被试，无障碍对各个行政部门的负责人进行访谈提供了有力的帮助，使得我们的调研得以高效完成；从对教育行政部门领导及工作人员的访谈中，获取了有关教育行政部门对困境儿童教育支持的情况的相关资料和信息。其中普通中小学乡村困境儿童随班就读班级的班主任教师，特殊学校的校长、教师的选取是"对乡村困境儿童教育支持关键提供者的访谈"。这些访谈对象是乡村困境儿童接受学校教育支持的重要主体，也是为乡村困境儿童提供接受义务教育阶段学校教育的主阵地。从对他们的访谈中获取了各类承担乡村困境儿童学校教育的学校（特别是乡村中小学校），对乡村困境儿童教育帮扶的实践经验与现实困境的相关资料和信息。乡村困境儿童监护人的选取是"对乡村困境儿童监护者的访谈"。从对他们的访谈中获取了乡村困境儿童的家庭背景、成长过程、生活条件、真实需求、生活态度、生活理念等相关资料和信息。

不同类型的访谈对象的访谈目的也不尽相同：对当地政府及教育行政部门的访谈，目的在于了解基层政策及行政部门，针对乡村困境儿童教育提供教育精准支持做法和改进思路，同时发现乡村困境儿童教育精准支持相关措施实施过程中遇到的政策问题与取得的经验；对乡村困境儿童本人或其监护人进行的访谈，目的在于了解当地乡村困境儿童接受教育精准支持的现状及需求；对特殊学校的校长、教师以及班级有随班就读乡村困境儿童的班主任的访谈，目的在于了解乡村困境儿童接受义务教育的情况。（见表 4）

表 4：访谈情况一览表

序号	访谈对象	访谈方式	访谈时间
1	D 村小学校长	一对一访谈	2018.9.16
2	D 村小学随班就读班主任教师	一对一访谈	2018.9.16
3	普通学校参与随班就读学校校长	一对一访谈	2018.9.17
4	D 村党委书记	一对一访谈	2018.9.15–20
5	长集镇政府脱贫专项组组长	一对一访谈	2018.9.17
6	长集镇残联办残联主任	一对一访谈	2018.9.18
7	监护人 1	一对一访谈	2018.9.19
8	监护人 2	一对一访谈	2018.9.19
9	D 村小学困境儿童 1	一对一访谈	2018.9.19
10	D 村小学困境儿童 2	一对一访谈	2018.9.19
11	C 市特殊教育学校 1 校长	一对一访谈	2017.11.10
12	C 市特殊教育学校 1 教师	座谈	2017.11.11
13	C 市特殊教育学校 2 校长	一对一访谈	2017.11.12
14	C 市特殊教育学校 2 教师	座谈	2017.11.13

（四）案例研究法

"案例研究法目的在于，通过现实中的典型性案例，来佐证论点的合理性和论据的充分性，使理论与实践有机结合。案例分析属于一种感性的教育诠释方式，可以使教育研究更为生动，更为鲜活，更有说服力"[1]。案例研究更多是以研究问题的实践情况为依据，能够掌握当前研究问题的实际情况，进一步发现其中的问题，进而提出相应的推进路径，具有真实性、实证性及典型性等特点。本研究选取比较有代表性的案例并对案例相关资料进行收集，比如通过对"南京幼女饿死事件"和杨改兰亲杀 4 孩儿事件的分析，了解乡村困境儿童家庭保护问题和制度性救助问题；通过对 2012 年贵州毕节 5 名流浪儿垃圾箱生火取暖中毒身亡案，2014 年

---

[1] 邓旭. 教育政策执行研究：一种制度分析的范式 [M]. 北京：教育科学出版社，2010:65.

河南固始县民政局救助站把流浪儿童拴挂在树上等案件的分析，了解对乡村困境儿童的社会保障问题；通过对安徽潜山校长性侵女童案的分析，从学校教育层面反映对乡村困境儿童侵害所带来的伤害。

四、现实审视：以安徽省霍邱县长集镇 D 村三名乡村困境儿童为个案

（一）三名乡村困境儿童教育支持的个案叙述

个案 1：由于重大生理疾病无法接受任何教育形式的乡村困境儿童

背景介绍：个案 1 是一名 11 岁的女孩儿，名字叫星星（化名），是重度瘫痪的重症残疾乡村困境儿童，有一个 26 岁的身体健康的哥哥。其父母和哥哥长年在外省打工，只有每年春节回家一次，星星便由年近八旬的爷爷奶奶在家照看，不识字的爷爷奶奶被迫成为了星星的监护人。由于我们调研的 D 村地理位置不算偏僻，村里有公路通过，加上国家扶贫脱贫政策的初见成效，我们走访的三个乡村困境儿童居住的房子和基本的生活保障都有明显改善。星星的家有里外两间砖瓦房，虽没有什么像样的家具家电，但也算干净整洁。我们第一眼见到星星，是星星瘫坐在外屋的轮椅上，星星奶奶事前得知我们要来，早早在门口迎着我们。

访谈经过：

大人们坐在小板凳上，星星瘫倒在轮椅上，听见有人来，露出歪歪斜斜的笑容，大声地发出咿咿呀呀的声音，奶奶心疼地、十分吃力地将星星从轮椅上抱出来，放在自己的怀里。我们看到，星星瘫躺在奶奶怀里，头无法支撑起来，但是明显看出来，星星的身高差不多和奶奶一样高了。

访：我们现在说话，星星能听得懂吗？

奶奶：可以，一些简单的，她都听得懂。比如平时逗她要把她丢掉，她会很生气，还会学着我们平时的口气骂人，我们没有文化，说话也没有那么注意，孩子听着就学会了。她

爸爸妈妈在外打工，有时候打电话回来了，星星会问，爸爸想不想女儿，妈妈想不想女儿啊，听见爸爸妈妈说想，就高兴了。（注：在我们访谈的几个小时里，没有听懂一句星星说过的话，甚至是一个词语。但是，奶奶完全能"懂"星星的表达，能懂星星"语言上"的喜怒哀乐。）

访：怎么没给留头发呀？（注：我们注意到星星留着短短的杂乱的男孩子的发型）

爷爷：一个留了长头发没人给她梳头，我们天天忙这忙那的，哪想得起来。再一个，她自己不愿意，给她弄头发，她大喊大叫的，不肯，就干脆剃掉了。

访：现在星星最需要的是什么呢？

爷爷：最需要的，当然是孩子能好起来，不说完全好起来，如果可以不抽风就好了。

访：这个病本身就没有根治的可能吗？现在星星这种情况，是因为没有地方看还是没有钱看？

爷爷：（苦笑）这个病怎么可能看好呢，那得需要多少钱啊。

访：那目前的情况来看，怎样才能更好地帮助她？是更需要钱还是其他什么？

爷爷：那都不需要，我们就想着孩子这抽风能治得好，不再抽风就好了。到上海的大医院看过，医生说这个病不好治，越长大越不好治。

村党支部书记：按照我的个人意见，你们现在是贫困户，可以享受现在的"351"政策①，说白了就是你现在治病花了20

①《安徽省人民政府关于 2017 年实施 33 项民生工程的通知》（皖政〔2017〕10 号）推出包括健康脱贫兜底"351"及建档立卡贫困患者慢性病费用补充医疗保障"180"工程，切实解决贫困患者因病致贫、因病返贫的问题。"351"政策是指：贫困人口在省内医疗机构发生的住院、特殊慢性病门诊及限额内门诊费用合规费用纳入政府兜底保障范围。按照基本医保、大病保险、医疗救助政策补偿后，贫困人口在省内县域内、市级、省级医疗机构就诊的，个人年度自付封顶额分别为 0.3 万元、0.5 万元和 1.0 万元，年度内个人自付合规费用累计超过个人自付封顶额时，超过部分的合规费用由政府兜底保障。个人自付封顶额按照贫困人口年度内就诊最高级别医疗机构确定。"180"工程即贫困人口慢性病患者 1 个年度内门诊医药费用，经"三保障一兜底"综合医保补偿后，剩余合规费用由补充医保再报销 80%，这两项政策都可通过即时结报，相应减轻了贫困户看病难的经济压力。

万，其实你们个人也只需承担 2 到 3 万块钱，完全可以跟孩子的父母再到大医院去给她做个全方位的检查，看看到底能不能治愈，你现在享受国家的帮扶政策，这孩子看病根本不需要你们家庭花多少钱，这个你们不用担心。问题是，到底能不能治愈或者说能治愈到什么程度，这个问题要弄清楚，对吧？而且，现在国家有帮扶政策，政策是变化的，你们现在不抓紧机会，如果以后没有政策了，治疗的费用完全得你们自己承担，那到时候就真的是看不起病了。

奶奶：确实也没有钱，她的爸爸手经常会抖，去到哪里人家都不太愿意要他，做不了事，主要靠她妈妈一个人挣钱。（注：原来星星的爸爸也有轻度残疾）

访：星星不能到学校上学，有没有老师到家里来教星星学认字？教星星穿衣服、吃饭这类的事情？

奶奶：没有。星星还能认字？平时都是我给穿衣服，喂饭。星星离不开我们。老师没有来过，村里有好心人来过，送些东西就走了。

访：所以星星现在是基本的涂涂画画的行为都做不了，是吗？

奶奶：她拿不住东西，手没有力气啊，讲话能听的大概懂。

　　其间，奶奶怀里的星星不知道是听懂了哪一句感兴趣的话，笑了。奶奶逗弄怀里的星星说，带星星去看病。星星用瘦得皮包骨一样的手无力地拍打了奶奶两下，仍旧笑着。奶奶继续说着，前几天又抽风了……

访：我可以问一下，这孩子是什么原因得了这个病？是先天性的吗？

爷爷：不知道啊，不是先天性的，小时候长得胖乎乎的，身体也很好啊，等到满一岁的时候，慢慢看到孩子怎么一直没学会走路，当时去看医生说是有一根脑神经被压住了，具体我们也不知道。

访：那么，假设，再要一个孩子的话，还有可能会出现这种情况吗？这个能知道吗？

爷爷：那不会的，她哥哥就不这样。她还有个哥哥，是正常的啊。哥哥都 26 岁了。

奶奶：大儿子都这么大了，为了儿女双全，非要再生一个，不知道怎么想的，现在我们二老为了照顾这个小的，什么都干不了，连个菜园子都种不了。

村党支部书记：你们家跟孩子的妈妈娘家，不是近亲吗？

奶奶：是近亲啊，就是近亲，我儿子跟儿媳妇是姨姐弟。

爷爷：原来出不起礼金啊，他大姨（星星爸爸的大姨）那边就讲，把女儿嫁过来，免了礼金，谁知道还会有这样的影响呢。唉！

访谈结束时，我们拿出送给星星的彩色画笔和书包，奶奶推着轮椅和星星一起送我们到门口的道场上，夕阳西下，瘦弱的奶奶和无力的星星离我们渐行渐远……

从访谈中我们了解到，由于家庭贫困，星星的父母是近亲结婚，只为了省下那一笔在农村来说价值不菲的结婚礼金，却远远没有意识到近亲结婚对于后代的影响会像一颗"定时炸弹"埋藏在不知何时爆炸的将来。星星的父母小心翼翼地生下了第一个孩子，侥幸的是，第一个孩子是一个健康的男孩，于是包括星星的爷爷奶奶和父母都天真地以为"不可近亲结婚"是传言，实际上好像并没有关系。所以，为了"儿女双全"这样的圆满，在大儿子 15 岁那年，星星降生了。当小女儿初到这个家庭时，一家人都非常开心，因为女儿同样看起来是个健康正常的孩子。然而，随着星星渐渐长大，她的父母发现了星星的异常。由于优生优育观念淡薄，更缺乏婴幼儿早教知识的普及，在农村很多人不愿意花费时间和精力定时带婴儿去医院体检，他们凭借自己的经验带孩子。星星刚出生时的确与平常婴儿无异，作为小月龄婴儿时，每天除了吃就是睡，只以为孩子表现出来的不活泼、不灵活是孩子发育慢的表现。真正的噩耗开始于星星 1 周岁以后，在别的孩子都渐渐学会了站立和行走的时候，星星却始终无法站立，更加学不会行走，此时，这个家庭才意识到问题的严重性。他们带着小小的星星到医院做了全面的检查，最终被确诊为癫痫。按照当下医学的发展程度，癫痫不是完全不可以治愈，虽然很难达到正常人的水平，但是还是有希望可以尽量恢复到生活自理的水平。然而，星星却没有得到这个可以基本恢复的机会，由于出身农村，家庭经济条件就不尽如人意，再加上父母在送星星到合肥的大医院进行了短暂的治疗后，星星的病情并没有好转，因此他们认为连医生都无法百分之一百保证花钱治疗就能将星星治愈，那何必浪费这笔钱。毕竟，对于农村家庭来说，几万元的治疗费的确不是个小数目。最终他们选择了放弃治疗，而这一选择直接造成星星的癫痫比一般癫痫病患者更加严重。星星从1周岁没有学会走路开始，一直到11岁，都没有再学会走路。癫痫造成了星星四肢无力、口齿不清，无法正常站立，不具备基本的学习能力，日常生活中需要交谈时，也只能艰难地吐出一个或者两个发音不清晰的短语，生活自理更是不可能。

星星平时绝大部分时间是躺在床上，偶尔会瘫坐在爷爷奶奶为她准备的幼儿伞车里，在夕阳西下的时候，奶奶将星星推到大门口的空地上看看外面的风景，呼吸一下自由的空气。由于常年的病痛，导致星星发育迟缓，我们第一次见到星星时，是她的奶奶将她搂在怀里抱了出来，11岁的孩子瘦得只有一身皮包骨头，无力的四肢甚至无法抓紧一盒彩色铅笔的铅笔盒。即便如此，星星也已是一个11岁的孩子了，年迈的奶奶抱起孙女已经十分吃力。父母外出打工，无奈也只能由年迈的爷爷奶奶来照料。本身由于疾病缠身导致无法像正常的孩子们一样进入校园学习的星星，在没有接受过教育的爷爷奶奶的照料下，几乎没有接受教育的机会，甚至连特殊学校都无法接收这样一个站不起来的孩子，村里也没有条件和资源进行送教上门，因此星星在接受教育方面完全是一片空白，除了每日瘫躺在床上，听着爷爷奶奶的声音，看着爷爷奶奶日渐苍老的面容，也就是坐在伞车上被推出门外的时候最开心了。

个案2：虽有身体障碍但仍可以进行随班就读的乡村困境儿童

背景介绍：个案2是一名15岁的男孩，叫小五（化名），由于先天性发育不良、视神经较细导致眼疾。小五有个健康的六岁的弟弟。由于眼疾入学较晚，小五虽然已经15周岁，却在乡镇村小学校上五年级，与其上小学一年级的弟弟在同一所学校。小五长得高大俊朗，以致调研组初次进入小五家门时，没人认出小五就是我们要访谈的调研对象。小五始终低头不语，还有些害羞。小五的父亲在外打工，小五和弟弟由母亲照顾。小五的母亲是个40多岁的村妇，看起来年轻能干，说起话来声音洪亮，表达清晰。小五的家里宽敞明亮，干净整洁，家具家电一应俱全，门厅四周的墙上挂满了小五获得的各种荣誉证书和奖状。

访谈经过：

访：看到小五可以摸索着自己走路，做些简单的事情，小五的眼睛现在是什么情况？

妈妈：（哽咽着）我们这个孩子的眼珠子，转得又很快，一个眼睛稍微能看清，另一个眼睛是完全看不见的。

访：刚才说到，小五小的时候，医生说可以做手术治疗，当时为什么没有给他治疗呢？

妈妈：那个时候在上海看了，医生说他也不能打包票（承诺）说一定能治好，手术是有风险的，不能确保说一定能治到什么程度。

访：所以，家长就放弃了治疗？

妈妈：去了城里的大医院看过。发现小五的眼睛有问题是在他三个月大的时候，那时候去合肥的大医院，医生说孩子太小不适合做手术。等到小五再大些的时候，去了上海的大

医院，医生说可以手术治疗，但是他也没说百分百能治好，
花了钱又不能治好，就没手术。

从此，小五错过了最佳的治疗时期。小五坐在旁边，一直低头不语。我们试着和小五聊天，但小五始终不愿开口说话。小五的母亲说，农村孩子，不敢与生人说话……我们只好继续与小五的母亲了解情况。

访：小五现在上几年级了？学业还能跟得上吗？

妈妈：他现在五年级了，看不清楚，就是主要靠听，听老师讲课。

访：学习成绩如何？

妈妈：一个班里一共就十几个人，学习成绩挺好，排名还算靠前。
　　　毕竟他比他们都大一点，态度认真一点，知道自己学了。

访：那您有考虑说，让孩子读到什么时候，什么程度吗？

妈妈：我当然想叫他一直读，只要他可以考得上，上大学当然
　　　最好了。他考试成绩还可以，这满墙的奖状都是他得的，
　　　他也知道自己学。

访：作为家长，希望他以后干点什么？有没有这方面的考虑？

妈妈：做什么我也不知道，但是他能照顾好自己最好了。我现
　　　在就希望他明年能上初中，如果真的上不了，我也希望他
　　　能学点实用的技能。

妈妈说到这，话语有些哽咽。说到读大学时，我们发现，小五始终低着的头抬了起来。我们以此为契机，试着以"考大学"的话题为切入点，再次试图与害羞的小五进行交谈。这次，小五只是用点头或者摇头与我们简单交谈。

访：小五想上大学，是吗？

小五：坚定地点点头。

访：将来想做什么？

小五：摇头。

访：那你愿意告诉我，你在学习的过程中有什么困难吗？比如，
　　　跟老师、跟同学之间的相处，学业方面的困难？

小五：摇头。

访：那跟同学关系好吗？

小五：点头。

访：他们愿意跟你一起玩吗？比如你学习上有困难，他们愿意
　　主动教你吗？

小五：点头。

访：老师对你有什么特别的关照吗？比如说……

小五：点头。我看不见字，老师会告诉我。

妈妈：他的座位也是靠前的，之前跟老师讲过了，老师也比较
　　关照，虽然他比别人大，个子也长得高大，但是每次也都
　　还是坐前面。

　　小五的眼疾是在三个月大时确诊的，对于只有三个月大的孩子来说，在眼部动手术实在是非常危险，因此，虽然较早就发现了病情，但也只能等孩子稍微大一些再进行治疗。父母在小五长大一些的时候，再次带他去了医院，而此时，虽然小五的眼疾依旧存在，但是随着年龄的增长，已经可以稍微看见一些细微的光。而这一次，医生也直接告知小五的父母，如果希望孩子的视力有所恢复，则必须进行眼部手术。同时，医生也如实告知，任何一场手术的结果都是无法百分百地保证手术效果。听了这话，小五的父母犹豫了，他们担心如果手术失败，也许孩子这辈子就彻底失去了光明，倒不如现在，虽不能像个正常孩子一样，但却也能看见一点微弱的光，至少孩子还可以生活自理，而且这样一场手术的费用是非常高昂的，对于农村的家庭来说，本就是不可负担的成本，受到这样的观念和经济条件的双重限制下，小五眼疾的治疗就这样被搁置了下来。在农村，由于特殊学校大多设在县城里，家处偏远地区的多数农村家庭，负担不起进入特殊学校学习带来的交通食宿的费用，将有生理或者心理疾病的孩子送去特殊学校学习并不是最好的选择。所以像小五这样虽然

身体有残障但生活还能自理的乡村困境儿童，进入普通学校进行随班就读就是最好的选择了。

到了上学的年纪，小五报名，但没有学校愿意接收小五，直到小五10 岁的时候，终于有学校愿意接收他入学。小五可以透过细微的光看见脚下的路，可以摸索着自行上下楼梯，虽然要看清楚黑板上的字还很艰难，但小五具备良好的听力，他可以以听力为主，视力为辅进行学习。与此同时，学校特别是他的班主任老师给予小五特别的关照。老师十分贴心地一直将小五安排在第一排距离黑板最近的地方。如今已经上五年级的小五成绩很不错。在我们访问小五班主任的过程中，班主任老师一直对小五赞不绝口，并且特别提到小五写得一手好字。班主任还向我们介绍说，小五虽然是班里年龄最大、个头最高的孩子，但非常亲和，从没有因为自己的高个子欺负小同学，他总能与班里的孩子友好相处，也十分愿意在力所能及的情况下帮助别的同学。小五班上的同学们也从不会因为小五的眼疾歧视和嘲笑小五。在老师的鼓励下，许多同学在学习和学校生活中对小五都给予过一定的帮助，对于小五来说，上学的日子不仅能学到知识，而且还能拥有一群温暖的伙伴。

个案 3：事实无人抚养的乡村困境儿童

个案 3 是一名 12 岁的女孩，名叫小秀（化名），是一名典型的事实无人抚养的乡村困境儿童。小秀在村小学就读小学六年级，见到小秀，是在小秀就读的学校里，12 岁的小秀也即将小学毕业。因为家庭的原因，导致年仅 12 岁的小秀和她 14 岁的哥哥，成为了事实无人抚养的孤儿。在去往小秀就读的村小学路上，我们从与长集镇 D 村党支部 Z 书记的谈话中得知，小秀有一个哥哥。在小秀出生没多久，小秀的母亲由于家暴，在小秀很小的时候离家出走，至今毫无音信，小秀和哥哥由父亲独自带大。Z 书记向我们介绍说，小秀的母亲是外地人，娶回来的外地媳妇，说是外出打工补贴家用，但是可能出去就不会再回来了，这样的事情在贫困的农村比较多见。小秀的父亲酗酒成性，村里无人不知。小秀和哥哥经常遭到喝到烂醉的父亲的暴打，两个孩子成为父亲发泄愤怒的工具。孩子越来越大，但父亲嗜酒的毛病却并没有改善，反而变本加厉，而因常年酗酒，头脑愈发不清晰，脾气越来越暴躁。渐渐长大的两个孩子对父亲心怀怒意，但未成年的孩子却又不得不依附这个所谓的父亲，无法逃离这个所谓的家。小秀陷入了一场痛苦的噩梦，从 8 岁这年开始，这名父亲对自己的亲生女儿实施了性侵。从 8 岁到 12 岁，小秀一直在受伤害，最终只能以逃避来面对现实，不敢回家，也不愿意上学。

小秀就读于 D 村中心小学，暑假过后即将升入初中。我们与小秀的小学班主任老师进行了交谈，班主任张老师告诉我们，小秀经常逃学，不愿待在学校，也没有回家。同时，细心的班主任发现，小秀的身上经常带着伤，这才让班主任不得不注意到这个女孩的特殊，自此才知道小秀究竟经历了怎样的折磨，才使得小小年纪、本应花儿一样的女孩却常常遍体鳞伤。班主任找小秀聊天，只了解到每天会挨打的信息，班主任无法打开小秀的心扉，也无法解开小秀的心结。细心的班主任找到了小秀的哥哥，想从哥哥这里了解一些家庭情况，最终从哥哥的口中得知了这个秘密。也许，小秀还不懂得父亲究竟对自己犯下了什么样的滔天大罪，但比小秀年长三岁的哥哥似乎看出些什么，只是同样还是个孩子的小秀哥哥也无能为力，他将这个"秘密"告诉了小秀班主任老师，希望老师能帮助妹妹。班主任十分震惊，并迅速而又秘密地将这个事情告知校长，而后在绝对保护小秀隐私的情况下将这一情况上报给村委，村委联合妇联将这个男人告上法庭，送进了监狱，小秀的禽兽父亲得到了应有的惩罚。而自此，这个本就破碎的家庭彻底散落，小秀和哥哥成为了事实无人抚养的孤儿。两个孩子如今由小秀的姨妈监护。在学校，我们见到了小秀，懵懂的小秀眼神空洞，我们什么也没说，拿出买好的书包和学习用品送给她，对她说，希望她好好学习。她接过东西，看着我们，什么也没说。访谈结束时，我们在学校大门口遇到来接小秀放学回家的哥哥，在哥哥骑着自行车的后座上，妹妹抱着我们送的新书包，逐渐消失在我们的视线中……离开学校的途中，Z书记告诉我们，由于国家对困境儿童的帮扶政策范围越来越广，像小秀和他的哥哥都可以享受孤儿身份的相关保障和帮扶，两个孩子每个月都有基本生活保障补助打进专门的账户中，足以保障两个孩子的基本生活。因此，寻找小秀的亲属作为监护人也不是太难的事情。只是这噩梦一般的摧残对一个12岁的女孩来说，一生将挥之不去。Z书记告诉我们，为了小秀能够过上正常生活，走出阴霾，保护隐私，村委和村妇联正在研究如何为两个孩子更名换姓，搬到一个新的地方去生活。

（二）从个案调查审视乡村困境儿童教育精准支持

1. 乡村困境儿童救助与保障的法律制度不完善[①]

（1）我国有关儿童保护立法仍处于"有限尊重儿童权利阶段"

针对困境儿童的立法保护更多依托于司法解释，法律效率相对较低，执行力度不够，具有象征性法律政策特征，缺乏现实操作性，更多的是一种倡导性、抽象性政策。"有关儿童福利的法律法规散见于其他法律中，没有制定一部完备的儿童福利法，并未形成系统的、独立的儿童福利法律体系。而儿童监护方面的规定则依附于婚姻家庭法律法规当中，有关困境儿童的法律法规以及规章制度更是不成体系"[②]，尽管国务院办公厅发布的《关于加强孤儿保障工作的意见》《关于加强农村留守儿童

---

① 刘静. 困境儿童权益保障中的政府责任 [D]. 延安大学，2015:13.
② 李洪波. 实现中的权利：困境儿童社会保障政策研究 [J]. 求是学刊,2017(2):100-106.

关爱保护工作的意见》《关于加强困境儿童保障工作的意见》，民政部等联合发布的《关于加强流浪未成年人工作的意见》等一系列有关困境儿童救助保护的文件，都对困境儿童的权益有了一定的保障。但是，规定中关于监护人不履行或不适当履行监护职责、侵害被监护青少年合法权益时，法律责任较轻。根据《中华人民共和国未成年人保护法》和《中华人民共和国预防未成年人犯罪法规定》，对监护不力或失职多采取训诫、制止、责令当事人改正等比较轻微的处理方式，实质上无法达到追究法律责任的目的。从福利给付方式来看，"我国目前主要通过补贴或津贴的形式为困境儿童提供基本生活保障，诸如服务等其他福利形式缺乏，无法满足困境儿童的多重需求"[①]。如困境儿童的受教育权问题，困境儿童不同于普通的儿童，"在监护权模糊的情况下，困境儿童往往无法像正常儿童一样接受教育，甚至法律所规定的九年义务教育都很难得到落实。在当前法律和政策的环境下，对于困境儿童教育权的保障，特别是九年义务教育之外的教育保障却很难落实"[②]。又如，困境儿童的心理健康问题，困境儿童往往存在着家庭生活不完整或者家庭成员不健全的问题，而民政部门所提供的救助，在经济救助层面规定较多，对困境儿童的心理健康关注不够，正如访谈中老师提到的"一小部分家庭不管智力或者身体有问题的孩子，困境儿童受到家庭的嫌弃，导致孩子自身心理会产生障碍，正是活泼开朗的年龄，却少言寡语。高年级的学生往往会产生自卑的心理问题，比如说排斥老师或者是有他们自己的小团体，又或者是听信社会上不良人员的教唆从而走上犯罪道路，所以说这些困境儿童的心理教育的问题就显得尤为重要"。

....

① 满小欧，王作宝.从"传统福利"到"积极福利":我国困境儿童家庭支持福利体系构建研究 [J].东北大学学报(社会科学版),2016(2):173-178.

② 代浩.我国困境儿童救助法律问题研究 [D].广西师范大学,2019:22.

（2）乡村困境儿童国家监护制度尚待进一步落实

困境儿童国家监护是对家庭（父母）监护进行监督和补充的一种制度，包括监测、发现、报告、转介、处理（包括诉讼）、安置等一套机制和程序。但是我国的困境儿童国家监护制度仅对孤儿、弃婴和流浪儿童实施国家监护，对其余类型的困境儿童国家监护提供有欠缺。"行政部门、司法部门参与监护还不到位，也容易产生责任的泛化，社会责任的履行则不具有强制性"。[①]困境儿童家庭因贫困、疾病、文化程度低等问题，往往具有代际贫困和家族贫困的特点，大大降低了困境儿童家庭监护人主动监护的意愿，隔代监护还会面临困境儿童家庭监护人因年老体弱而监护养育能力有限的问题。"南京饿死女童"事件以及贵州毕节流浪男童因躲在垃圾箱内避寒而闷死事件的发生就是由于事实无人抚养困境儿童在家庭监护表面不缺而事实缺失的情况下，他们既无法被福利院接收，也没有其他替代性庇护机构对他们实施保护与监护。因此，一方面，如果困境儿童家庭无法恢复或行使家庭监护功能或者父母严重不履行监护职责，可以依法剥夺父母对儿童的监护权。另一方面，当儿童因为各种原因失去家庭依托，政府应提供更多的途径将这些困境儿童从其原生家庭中分离出来，并能够为这类困境儿童提供替代性监护。随着近年来"适度普惠型儿童福利"制度的进一步推广和实施，《中国儿童发展纲要（2011—2020年）》中也明确提出要完善儿童监护制度，我国开始逐步建立了儿童福利或儿童保护的组织体系。如在村（居）委会建立了儿童福利工作室或儿童之家，设立了儿童福利主任或儿童福利督导员；在区镇民政办设立了儿童福利工作站；县（市）民政局设立儿童福利指导中心等。但是，由于一方面家庭成为提供儿童监护的重要甚至唯一主体，政府的介入十分有限，社会组织、社区等参与稍显不足；另一方面，我

[①] 杨智平.论困境儿童监护制度的完善[J].海南大学学报(人文社会科学版),2020(2):88-94.

国对困境儿童监护权变更以及撤销等相关问题尚未有明确具体的规定，对事实无人抚养儿童、受虐待儿童等困境儿童的安置仍是工作的难点，很多试点地区挂了牌子却难以提供实质性的服务或服务运行艰难，[①]困境儿童监护权保护制度还需进一步完善。

（3）困境儿童预防性保护政策需进一步完善

2018年，民政部颁布了《关于开展全国农村留守儿童关爱保护和困境儿童保障示范活动的通知》，明确提出了为困境儿童建立运行监测预防、强制报告、应急处置、评估帮扶、监护干预"五位一体"的救助保护机制，希望为困境儿童构建起一套积极主动的保障模式。但是，在一些地方，孤儿、弃婴的发现、报案、移送的网络体系建设还不十分健全，部门之间配合衔接不到位，对于随意抛弃婴幼儿的违法行为的责任追究制度还需进一步完善。"接收符合标准的儿童"一直是我国各个救助组织的工作起点，可对于明确有哪些机构或者组织来作为发现困境儿童的主体却一直被忽略，在"南京饿死女童"事件中，正是由于法律没有明确规定哪个机构作为发现困境儿童的主体，使得社区作为救助困境儿童的基层救助主要组织，救助组织构成单一。

另外，困境儿童救助保护中心和救助管理站也未能担当起主动发现困境儿童的责任，因不能及时对困境儿童进行心理梳理，从而使得困境儿童的问题难以有效的解决。"特别是有些儿童遭遇困境并非因为贫困，可能因为缺少照顾、亲情、心理辅导、遭受暴力或虐待等，单一的现金救助无法解决他们的问题，他们更需要的是服务"。[②]如本书个案3中的小秀（化名）长期受到父亲的侵害，在成为事实无人抚养儿童以后，由小秀的姨妈监护，享受"孤儿"身份的相关保障和帮扶，每个月都有基本生活保障补助打进专门的账户中，但是这段经历会如噩梦一般在女孩

①② 乔东平. 困境儿童保障的问题、理念与服务保障 [J]. 中国民政 ,2015(19):23-28.

的一生中挥之不去。由于我国现行的困境儿童福利救助制度中，相应的预防性保护或者报告政策不够完善，导致社会大众在发现困境儿童时不知道采取哪种相应的措施，不知道向哪一个有关部门进行报告，而无法行使及时"发现"困境儿童的责任。

2. 乡村困境儿童学校教育支持质量有待提高

目前，针对乡村困境儿童接受学校教育支持主要有三种途径：一是轻度残障困境儿童在普通学校接受随班就读；二是轻度或中度残障困境儿童在特教学校就读；三是为重度残障儿童进行的送教上门服务。但目前困境儿童接受的学校教育由于受教育理念、师资力量、教育投入、办学条件等多方面的制约而步履维艰。"特别是我国乡村学校办学条件普遍比较差、教育资源短缺、师资力量薄弱、教育理念失当、教育机制不够健全以及措施不够得力，严重制约了乡村困境儿童学校教育的开展"[1]。

（1）融合教育融合难

融合教育"作为一种特殊的教育门类，专指针对特殊对象的教育活动，它强调的是让有特殊需要的儿童尤其是残障儿童进入到普通学校学习；通过学习及社会化活动，使残障儿童融入正常社会之中"[2]。2017年5月1日新修订的《残疾人教育条例》强调"残疾人教育应当提高教育质量，积极推进融合教育"。融合教育一方面提供的"正常学习环境有利于残疾儿童在相互合作与交往中加强友谊、发展社会技能以及提高学业成就"[3]。另一方面，同伴交往、同伴互助、合作学习使得非困境儿童与困境儿童交往过程中认知、情感、态度、学业等获得进步，对个体差异

---

[1] 胡花平,陈行鹏.西部农村留守儿童学校教育的困境探析 [J].农村教育研究,2010(14):50-52.

[2] 周德钧，王之.流动儿童的成长困境与融合教育之道 [M].武汉:华中科技大学出版社，2014:9.

[3] Zigmond,N.,and Baker,J.M.Concluding comments:Current and future practices in inclusive schooling [J].The Journal of Special Education,1995,29(2):249.

能够接纳、宽容和理解。许多地区在普通学校开设资源教室，积极进行随班就读、送教上门、学校教育与社区教育结合。但由于我国特殊教育基础相对薄弱，特殊教育整体发展不够充分，极端平等的文化在我国没有根基，因此，与西方一些发达国家进行的完全融合的特殊教育之路不同，"我国特殊教育走的是特殊教育体系与融合教育并重、并行发展的道路。一方面，隔离的特殊教育体系完整地存在并继续发展；另一方面，融合教育贯穿从学前教育到高等教育各层次的教育机构"[1]。"出现由于我国尚未对'具有接受普通教育能力'的困境儿童的国家标准加以具体而明确的界定，致使一些有能力接受普通教育的特殊儿童也被普通学校拒之门外"[2]，致使诸如重病儿童、残疾儿童、心理障碍儿童等困境儿童面临入学难；特殊教师、语言治疗师、物理治疗师等专业教师非常缺乏，致使实行融合教育学校的残疾儿童少年入学后教育质量不高；在学校内部，教师间的协作、校领导对随班就读工作的重视和支持不够，致使特殊教育专业人员与普通学校教师间协作不够、普通学校与特殊教育学校教材不能很好地衔接，一些普通学校的残障儿童成绩不计入学校和班级成绩总分；"2014年一项针对特教教师的关于'融合教育知识与技能'的问卷调查结果显示了特教教师对融合教育认识上的不足：绝大多数的教师认为融合教育是普通学校教师的责任，不属于特教教师的工作内容范畴"。[3]

开展融合教育的教师，由于专业水平参差不齐，绝大部分不具备特教教师必备的个别化教育教学能力，部分学校和教师忽视普通班残障儿童的特殊学习需求，致使困境儿童无法跟上班级的正常教学进度，如访谈中提到的"长寿地区的一个农村普通学校里有一个特教班，根据农村孩子的实际，教他们种菜，做农活，这样农村学校的孩子毕业了，他生

---

① 邓猛. 融合教育背景下中国特殊教育体系发展研究 [M]. 南京: 南京师范大学出版社,2016:132.
② 彭霞光. 中国全面推进随班就读工作面临的挑战和政策建议 [J]. 中国特殊教育,2011(11):15-20.
③ 孙锋. 特殊学校教师对融合教育的态度调查 [J]. 当代教育理论与实践,2013(2):14-16.

活在农村，就可以解决自己基本的生活问题。还有像普通学校里的轻度智力发育问题的孩子，也可以去参加学校的一些活动等等。^①这些孩子的不同需求都需要我们老师去正视孩子们的这种特殊性"。特教教师面对的特殊儿童不同于普通教师所面对的学生，"他们在身心发展和学业表现上远远落后普通学生，且由于心理发展上的缺陷，他们给予特教教师的情感回馈也较少"^②。"在关注'正常'学生成长与发展的'大教育'话语体系中，特殊教育教师自身所感受到的在教师群体中的地位偏低，影响着特殊教育教师的成就感"。^③正如访谈中校长谈到："特殊教育的教师待遇很低，他们的工资福利没有乡村教师的津贴高，这些特殊孩子毕业以后会跟老师联系的学生较少，实际上特教教师付出的更多，但可能没办法像普通学校教师那样感受到一些成就感。"^④普通班级中的特殊儿童无法适应普通学校的学习和生活甚至扰乱课堂秩序；一些重度残障儿童，在完成义务教育阶段的教育后无处可去的融合教育难融合的现象；学前特殊教育较为薄弱，很难与基础教育衔接；地方教育部门虽然建立了适龄困境儿童入学档案，但在制定各级各类学校接收困境儿童接受学校教育的措施上力度不强，对普通学校的评价没有包含是否接收困境儿童随班就读这一评价指标，使得普通学校接收困境儿童随班就读的态度不明朗，存在得过且过的心理。地方政府未出台相关的随班就读工作条例，也没有统一的工作程序。这就给随班就读工作的开展带来了困难，融合教育的专业支持体系亟待完善。

（2）随班就读普及难

融合教育的理念是让所有人都接受教育，经过特别设计的环境和教学方法，让不同特质的儿童都能够接受公平而又有质量的义务教育。近

① 资料来源于课题组 2017 年 11 月的访谈调研.
② 赵艳华，肖非.丹东地区特殊学校教师职业倦怠分析报告[J].基础教育,2009(7):22-27.
③ 柴江，王军.特殊教育教师职业认同与工作满意度的调查研究[J].中国特殊教育,2014(11):8-14.
④ 资料来源于课题组 2018 年 9 月的访谈调研.

年来，受融合教育思想的影响，建立了"随班就读"支持保障体系，困境儿童接受的学校教育"改变了一百多年来以建立特殊学校为唯一发展途径的做法，大力推进随班就读模式，形成了以大量的特教班和随班就读为主体，以一定数量特殊教育学校为骨干的多种办学形式，如为残疾儿童单设的幼儿园或学前班、覆盖义务教育乃至高中教育及职业教育的特殊学校，以及独立的残疾人高等教育院校或者学院规模"[①]，满足不同类型、不同程度的困境儿童接受教育的需求。国家在《残疾人教育条例》《第二期特殊教育提升计划（2017—2020年）》及《关于开展残疾儿童少年随班就读工作的试行办法》中对残疾儿童随班就读作出了明确的规定，促使残疾儿童随班就读工作得到一定的发展。

《年特殊教育提升计划（2014—2016）》明确提出："扩大普通学校随班就读规模，尽可能在普通学校安排残疾学生随班就读。"2015年，我国残疾学生在校人数为44万，其中超过一半学生在普通学校随班就读。特殊教育要走融合教育之路，随班就读是有利于残疾儿童获得必要社会适应能力，帮助他们更好融入社会的学习形式之一。对于轻度残疾儿童特别是我国经济落后、人口居住分散、交通不便地区的困境儿童，随班就读成为接受义务教育的主要形式之一；有条件的地区为不能进校就读的重度残疾儿童少年提供"送教上门"服务以及在儿童福利机构建设"特教班"，为重度以及多重残障困境儿童提供教育支持。扩大普通学校随班就读规模，鼓励农村残疾儿童就近接受教育，促进普通教育与特殊教育的融合，提高残疾儿童的入学率。"从我国随班就读目前的实施状况看，多数地区从形式上解决了特殊儿童进入普通学校就读的问题，但教育教学质量、特殊儿童的生存质量并未获得质的提升"[②]。由于编制、劳动力

① 徐白伦.金钥匙计划的回顾与展望 [J].特殊教育研究,1992(2):5.
② 李拉.从规模到质量:随班就读发展的目标转型与策略调整 [J].现代中小学教育,2015(1):16-18.

以及资金不足等问题，使得特殊儿童随班就读变得非常困难。"从心理支持上来看，由于普通学校的教师、学生及其家长对特殊学生不够了解，常常出现对特殊儿童的排斥甚至歧视，这样使得特殊儿童的爱与归属的心理需求得不到满足，使特殊儿童难以适应普通学校的学习生活，导致难以跟上班级学习进度，无法达到普通学校学业标准的要求，也无法满足特殊儿童自身接受高质量教育的需求"[①]。正如访谈中校长提到的，"一些能力没问题的轻度残障儿童去到了普通学校随班就读，情况反而更糟糕，老师不管不问，还对他们有很多意见，班上的同学歧视他们，经常不同程度的受到欺负。"[②] 所以随班就读不仅没有达到理想的效果，还在一定程度上使困境儿童受到二次伤害。我们经常看到，随班就读不仅"对随班就读学生的跟踪教育和教学辅助手段缺失，部分随班就读学生在班级成为旁听生，随着年级的升高，学习能力跟不上普通教育的要求，容易产生焦虑、情绪障碍等心理问题"[③]。

　　同时，因资金和人员所限，教室资源和教师资源建设滞后，教室资源建设不足，建成的教室资源还没有开展实质性工作。由于普通学校的老师没有经过特殊教育专业技能培训，随班就读教师特殊教育相关知识与特殊教育专业背景的缺乏，相关的专业培训很少，所以随班就读对于教师自身而言意味着要面临一个全新领域的挑战，很多学校只能依靠巡回教师承担指导学校的随班就读工作或做相关的指导工作。而且现有的政策并没有倾向于普通学校的特教教师，尽管特教教师的工资待遇有所增长，但与普通学校教师相比，特教教师的待遇仍有一定差距。"在职业发展方面，特殊教育教师在评职称、获奖、参加培训和学习等促进自身

[①] 张欣,张燕,赵斌.我国随班就读工作推进中的困难及对策探析[J].现代特殊教育,2018(18):14-18.

[②] 资料来源于 2018 年 9 月的访谈调研.

[③] 邓猛.融合教育背景下中国特殊教育体系发展研究[M].南京:南京师范大学出版社,2016:116.

发展和专业提升方面不如普通学校的教师，现行职称评定的政策没有照顾到特殊教育教师教学对象的特殊性，他们需要接受与普通学校教师同样的考核标准"[1]。如访谈中校长提到"上级对普通学校的评价当中，没有包含特殊教育这一块，对普通学校从事特殊教育的老师的津贴也没有考虑到，普通学校里面班上有特殊教育孩子的老师，政府并没有对这个老师在评价上或者补贴上有任何过多的关照"。随班就读中，困境儿童所需要的诸如语言治疗、物理治疗等特殊教育服务也得不到充分满足。

事实上，"对于智力残疾儿童而言，只有轻度、中度及重度中的较轻度残疾儿童，通过随班就读或者在特殊学校接受教育，严重的智力残疾儿童、重度及多重残疾等困境儿童因学校系统缺乏足够的资源和专业能力而不能为他们提供教育"[2]。而且，"随班就读教育对象范围过于狭窄，主要限定于视障、听障及智力障碍等类型的残疾儿童；随班就读质量堪忧，随班混读现象依然严重"[3]。普通教育依然是普通教育惯常的样子，它的评价体制、学校管理、课程与教学、师资配备等，并没有为残疾儿童进入普通教育环境中做好充分准备，而多是消极接纳和被动回应，造成随班就读在很多省份只停留在文件上，普通学校里找不到残障学生，随班就读变成了"随班就座""随班混读"。因此，普通教育的理念与发展是影响随班就读发展的内因，起到关键作用；"支持保障体系是影响随班就读发展的外因，是外在的辅助支持手段"[4]。

如果将发展重心只放在支持保障体系的建构，而非以普通教育为核心的变革上，我们很难彻底解决随班就读发展的质量与水平问题。因为很显然，随班就读虽然是关于残疾儿童教育的，但普通教育是随班就读

[1] 柴江,王军.特殊教育教师职业认同与工作满意度的调查研究[J].中国特殊教育,2014(11):8-14.
[2] 邓猛.融合教育背景下中国特殊教育体系发展研究[M].南京:南京师范大学出版社,2016:138.
[3] 李拉.融合教育的推进路径[J].现代特殊教育,2017(6):22-24.
[4] 李拉.我国残疾儿童随班就读的发展策略反思——基于矛盾分析的方法[J].基础教育,2016(5):28-33.

发展的主阵地，残疾儿童是在普通教育环境中接受教育。如果普通教育不把随班就读作为其分内之事，而仅仅依赖外在力量的推动，随班就读发展必定是事倍功半的。随班就读规模越大、残疾儿童进入普通学校的人数越多，这种矛盾就会越发凸显。

（3）送教上门落实难

送教上门也是困境儿童教育精准支持的方法之一。"希望可以运用送教上门的灵活性，根据每个孩子的不同困境，灵活调整送教内容，从而帮助这些困境儿童学习到一定的理论知识和实用的技能"[①]。《第二期特殊教育提升计划（2017—2020年）》的四项基本原则之一便是"坚持政府主导，各方参与。要求落实各级政府及相关部门发展特殊教育的责任，发挥乡镇（街道）、村（居）民委员会在未入学残疾儿童少年信息收集、送教上门、社会活动等方面的支持作用"[②]。送教上门作为一种补充形式，遵循家庭自愿、协商一致、定期入户、量身定制、免费教育的原则，以上门送教服务为主，以社区教育和远程教育为辅的形式，以康复训练、认知、语言交流、生活自理、学习能力、社会适应、家长指导等内容，为重度残障困境儿童接受教育提供了可能。其中，送教教师作为完成送教上门的主要力量，在一定程度上决定着整个送教上门工作的有序开展和有效质量。目前，我国的送教教师队伍的建设并没有统一的标准或是成功的模式可供学习和效仿。现在的送教教师基本上以特殊教育教师为主，个别地区也有普通教师的加入，少数试验区还将医生也加入了送教教师的队伍。因此，需要一个良好的指导模式来规范送教教师的队伍建设，以期利用最少的人力资源发挥最好的送教效果。[③]但是学校教师遭遇送教上门难入门的困境。

---

① 方俊明. 送教上门支持保障体系的构建与完善 [J]. 现代特殊教育,2017(7):28-29.

② 七部门关于印发《第二期特殊教育提升计划（2017—2020年）》的通知 [EB/OL].
   http://www.gov.cn/xinwen/2017-07-28/content_5214071.htm,2017-07-28.

③ 陈会云,曹晓君.特殊教育"送教上门"的问题及对策 [J].现代特殊教育,2017(24):7-12.

一是困境儿童监护人的家庭指导意识和能力欠缺，不利于家长开展有效的家庭教育，未能配合送教教师的辅导工作；送教上门的学生，较普通儿童而言，其生活发展与其家庭的关系更加密切与紧要。有些送教上门的学生家庭经济困难、家庭关系复杂、家长受教育程度低等都不利于学生的学业发展。

二是送教教师面临着诸多困境。残疾儿童的分布分散致使送教上门的辐射范围变大，所以送教教师需要在交通、通信等环节浪费大量时间。在实际工作中，送教教师的数量与需要送教服务的残疾儿童的需求不相匹配，不得已让教师辅导过多的学生，部分地区采取让普通学校的教师进行送教上门的措施，缓解特殊学校送教上门教师数量不足的问题，但是面对送教学生多为重度或多重障碍的困境儿童，普通学校上门送教教师因缺乏专业康复训练及特殊教育教师知识结构和知识能力而难以胜任送教上门工作，送教服务难以发挥教育功能，服务对象进步缓慢，送教教师难以获得成就感。对特殊教育学校的教师来说，能够有机会参加教师专业培训的机会非常有限，"由于教育经费的限制，绝大多数教师很难有机会去一些特殊教育发展较好的城市学习，不利于教师们获得最新的、最前沿的信息，不利于教育观念的更新"[1]。正如调研组对我国西部地区特殊学校的教师访谈中提到的"近几年国家对特殊教育的投入较大，但多数是特殊教育专项经费，涉及的对特殊学校教师的培训较少"[2]。

三是面临外部条件的制约。送教教师对送教上门工作的态度直接影响到教育质量，怀有积极乐观、主动愿意的教师更能投入到送教上门的工作中去。反之，消极被动的教师则会对送教工作马马虎虎、敷衍了事。送教教师承受着更大的工作压力，但并未得到相应的工资报酬和社会支

---

① 冯建新，冯敏.陕西省特殊教育教师专业发展现状的调查研究 [J].中国特殊教育,2011(1):65-69.
② 资料来源于课题组 2017 年 11 月的访谈调研.

持，导致很多送教教师因为工资低和情绪低落而对送教工作抱以消极态度，甚至厌恶抵制送教工作。如受访的老师指出："现在没有政策或者文件明确提出送教上门要给老师工作补助，这正反映出送教上门需要考虑到，老师们走出校园来到困境儿童的家中所产生的交通费用、餐食费用以及外出工作补贴等，同时教师的安全也应得到保障。如交通不便，缺乏辅导设备或器材,教学任务量大无法分身,学校行政支持力度不够等，使得送教上门难上门"[1]。

如本书个案1的星星（化名）全身近似瘫痪，无法进入到任何一家学校，而家中年迈又文盲的爷爷奶奶更加无法帮助这个小姑娘学习相关知识，这类困境儿童实际上迫切需要专业教师送教上门的服务。从教材与课程建设上看，由于特殊儿童与普通儿童个体差异较大，因此普通学校的教材及课程不能用于特殊学校的教育教学。目前，特殊学校使用的教材陈旧，内容得不到及时更新，教材只涉及知识目标的内容，很少与特殊儿童的交往、生活等方面相联系。正如访谈中提到"针对聋哑孩子来说，教材的内容只有一些关于手语的相关知识，我们认为作为手语知识初级阶段的学习，图片的配备也非常有必要，但是目前的教材里还看不到。这样学下来，聋哑孩子他们用手语交流会受到很大的局限"。另外，我国目前的特殊教育课程改革仍然停留在根据盲、聋、智力落后三类特殊儿童的认知特点，"特殊教育课程建设滞后于普通教育，难以满足特殊儿童的教育需求，过多强调教材知识，忽略了培养目标和课程设置"，[2] 不利于特殊儿童的多样性发展。如受访的老师谈到"学校主要有针对学前年龄的孩童做康复训练的课程，但是还没有大规模的康复训练，由于师资力量不能与普通学校相比，还没有设置适合小学和初中的康复

---

[1] 资料来源于课题组 2017 年 11 月的访谈调研.
[2] 杜亚洲. 特殊教育学校课程设置与改革的设想 [J]. 中国特殊教育,2002(2):9-11.

训练课程"。因此，特殊学校的课程设置应围绕实际生活需要，在更新特殊儿童技能的同时，增强教育的有效性和针对性。

3. 非政府组织参与乡村困境儿童救助受到制约

（1）现有的行政管理体制限制了非政府组织的独立性和自治性

社会化救助是除国家救助主渠道之外的有力补充，它可以通过多种途径和方式，多方整合利用资源，为困境儿童提供救助服务。困境儿童的救助工作从政策导向、经费支持到具体运作基本上都由政府统揽。政府管得过宽，反而抑制了民间社会救助力量的发展，限制了救助资源总量。困境儿童伤害事故暴露出当前我国困境儿童救助存在的不足，"政府部门及隶属于政府部门的事业单位的救助已难以满足困境儿童的多样化需求。非政府组织在儿童福利服务中则扮演着服务的前瞻者与创新者、服务的供给者以及价值维护者的角色"[1]。在困境儿童救助中，"我国非政府组织的救助对象几乎涉及了所有的弱势儿童群体：流浪儿童、患病儿童、孤儿、残疾儿童、受艾滋病影响儿童、服刑人员未成年子女、受虐儿童、违法犯罪少年、家庭困境儿童等"[2]。

然而，目前我国民间困境儿童救助机构普遍出现注册困难、资金短缺的现象，这直接导致了困境儿童社会化救助程度有限的问题。相关法律规定，民间组织注册救助福利机构时，必须先申请并经过民政部门审批后，取得社会福利机构设置批准证书，才能到登记机关办理登记注册手续，否则视为非法机构。因此，民间组织注册一个福利机构往往需要相当长的时间。由于注册程序烦琐、注册门槛高的原因，许多非营利组

① 孙莹. 建立我国特殊困难儿童社会支持系统的基本策略：培育和发展社区和非营利组织 [J]. 青年研究,2004(9):27-34.

② 中国青少年研究中心"民间儿童救助组织调查"课题组. 民间儿童救助组织调查报告——现状、问题与对策 [J]. 中国青年研究,2006(5):14-19.

织则以挂靠机构、草根组织的形式存在，这直接导致了在承接政府购买社会服务、享受税收和公共产品价格优惠等方面民间组织面临着巨大难题。在我国，困境儿童的救助工作从政策导向、经费支持到具体运作基本上都由政府统揽。政府管得过宽，反而抑制了民间社会救助力量的发展，限制了救助资源总量。虽然，非营利性组织在一些城市已经开展了卓有成效的尝试与实践，但总体而言，"他们在整个困境儿童的救助系统中还只是一种辅助力量，没有全面、深入地参与到救助工作中来"[①]。

　　虽然深圳、上海、江苏、宁夏、成都等地方政府以"规定""通知"等形式探索非政府组织参与困境儿童救助的备案制、直接登记制等，以试图降低非政府组织的准入门槛，但大部分地区仍然沿用非政府组织实行由民政部门负责登记，业务部门同意的双重管理体制。一方面，政府过高的门槛设置，使得参与困境儿童救助的非政府组织无法获得合法的身份，难以正常开展活动；另一方面，一些非政府组织不得不挂靠政府业务部门，非政府组织与政府部门之间形成了隶属关系，非政府组织从项目策划到项目执行都受到政府的介入，有些政府官员甚至根据个人喜好来指导、干涉非政府组织的工作。另外，社区也难以与非政府组织在困境儿童救助方面形成有效的合作机制。原因是部分社区负责人对非政府组织的认知存在偏差，没有认识到非政府组织在社区治理中所发挥的作用，缺乏与非政府组织合作的意识。在非政府组织进驻社区开展工作时，"有些社区不仅干涉非政府组织工作人员的工作，还会随意支配非政府组织工作人员从事非职责范围的工作，甚至存在社区截留非政府组织项目补贴的情况"[②]。

① 张文娟. 儿童福利制度亟须顶层设计 [J]. 社会福利，2006(5):26-27.
② 刘凤,于丹. 非政府组织参与困境儿童救助的制约因素及出路 [J]. 学术交流,2015(4):155-159.

（2）政府对参与乡村困境儿童救助的非政府组织给予的税收优惠政策不足

"一方面，我国目前尚未建立系统的非政府组织税收法律制度，无论是对非政府组织自身的支持还是对捐赠者的税收激励都明显不足，我国税法对非政府组织是公益性还是互益性并未做出明确区分，而是对非政府组织的一切营利性活动都进行统一征税"①，这种统一征税的规定对于将营利所得用于公共服务的公益型非政府组织是不合理的，一定程度上挫伤了非政府组织参与困境儿童帮扶的积极性。另一方面，我国的税收立法尚不允许超额捐赠进行递延抵扣，这就不利于企业进行大规模的集中捐赠，直接降低了企业捐赠的积极性。以美国为例，《国内税收法典》第170条规定，"企业向公益性社会团体的捐赠，其捐款的税前扣除额不得超过应纳税额的10%，超出部分可累积到下一年度抵扣，但最长不得超过5个纳税年度的结转期限"②。英国慈善救助基金会（Charities Aid Foundation）发布的《世界捐助指数2014报告》中显示，在全球被调查的135个国家和地区中，我国排名第128位，帮助陌生人"捐钱""捐物""做义工"这三项指数的比例分别为36%、13%和6%。虽然我国一直拥有乐善好施的传统道德，但传统的慈善意识是富人帮穷人的救济性慈善，缺少全民参与且长期坚持的意识。"在对社会组织免税的具体操作中，有偏重官办社会组织的倾向，民间草根组织很难获得相关免税。对于捐赠税收优惠，相关政策有《公益事业捐赠法》《基金会管理条例》《关于非营利组织企业所得税收入问题的通知》《财政部、国家税务总局、民政部关于公益性捐赠税前扣除有关问题的通知》。根据规定，受赠主体仅限于具有官方背景且数量稀少的社会组织，对民间社会公益组织来说免税和抵税优惠很难享受"③。

①黄冠豪.略论我国非营利组织的税收制度改进[J].税务与经济,2013(4):95.
②李春明.公益性捐赠税收制度优化问题探析[J].税务研究,2013(5):86-89.
③谢正富,赵守飞.公益创投:我国社会组织扶持引导政策探索[J].湖北民族学院学报(哲学社会科学版),2014(6):57-61.

（3）资金投入有限，社会救助地区差异明显

随着我国经济社会的快速发展，政府在促进社会民生福祉改善方面的财政总投入不断增长，支出比例不断扩大，但在提高社会整体福利的同时也暴露出更多的问题。我国的社会救助资源的总体布局大致为"东多西少""城多乡少"的特点。"我国对于困境儿童的救助工作主要也集中于个别经济条件较好的大城市（如各省会城市、北上广深）以及类型繁杂各异的贫困落后地区，进而导致了救助资源结构性矛盾"[①]。现有财政补贴重视基本物质生活保障，在医疗康复和精神关怀等发展能力培养方面资金投入较少。总体来说，我国对于困境儿童的救助工作呈现保障内容少，待遇水平低，区域差异明显的特征。根据《中华人民共和国公益事业捐赠法》《社会团体登记管理条例》《民办非企业单位登记管理暂行条例》以及《基金会管理条例》规定，我国仅有公募基金会以及少数拥有公募资质的社会团体拥有公开向公众募集资金的权利，"自下而上非政府组织"的筹款渠道和方式是被政府严格监管的。而我国的基金会又以运作型基金会为主，资助型基金会的数量相对匮乏，造成非政府组织的资金来源渠道极其有限。"自身的非营利性决定了绝大部分的民间儿童救助组织在经费来源方面主要依靠社会捐助，包括国外的捐助和国内的捐助两部分"[②]。"民间专业社会工作机构在资金来源方面更依靠于社会公众，这种模式虽然体现了一定的自主性，但是也出现了缺乏系统的相关政策法规、行业管理不规范等问题"[③]。"2020 年国内生产总值达到 99.1 万亿元，增长 6.1%。城镇新增就业 1352 万人，调查失业率在 5.3% 以下。居民消费价格上涨 2.9%。国际收支基本平衡，农村贫

① 陈亦阳.福利多元主义理论下的流浪儿童社会救助研究 [D].江西财经大学,2020.21.
② 中国青少年研究中心"民间儿童救助组织调查"课题组.民间儿童救助组织调查报告——现状、问题与对策 [J].中国青年研究,2006(5):14-19.
③ 沈之菲.优势视角——促进个体抗逆力的提升 [J].思想理论教育,2010(24):55-59.

困人口减少 1109 万，贫困发生率降至 0.6%"[1]。但是在整体上看，困境儿童保护财政资金投入不足的问题依然突出。据民政部统计资料显示，截至 2019 年底，全国共有孤儿 23.3 万人，其中社会散居孤儿 16.9 万人，基本生活保障平均标准 1073.5 元／人月。全国共支出儿童福利经费 53.9 亿元，其中孤儿基本生活保障经费 37.2 亿元，其他儿童福利经费 16.7 亿元。可以说，"国家财政在困境儿童保护工作中资金投入总量不足，占比偏低的情况在未来一段时间内仍将是主要问题"[2]。目前我国救助困境儿童的机构主要是困境儿童救助保护中心和救助管理站，他们的救助资金大多来源于政府的财政补贴。虽然较为稳定，但尚不足以达到为数量众多、需求广泛的困境儿童提供服务的要求。"经费不足的问题对困境儿童救助保护中心和救助管理站来说尤其严峻，他们接手了不同层次的困境儿童，救助、安置、教育环节非常复杂，对人力、财力、物力投入的要求也很多。"[3] 而当前，困境儿童救助保护中心和救助管理站，仅仅依靠地方财政支持，而大多数救助机构都存在资金以及相应的救助设施、人力紧缺的问题，直接影响着救助方式的改善和救助水平的提高。

（4）非政府组织工作队伍专业化程度不够

我国参与乡村困境儿童救助的大部分非政府组织，依然采用的是"家长制"的管理模式，组织负责人全权管理组织内各项事务管理模式，在组织成立之初是一种高效的管理模式。但是随着组织的发展，领导人对组织的绝对领导不利于充分调动工作人员的积极性，极易造成人才的流失并产生贪腐问题。[4] 大部分社会组织规模小，抗风险能力弱，非政府组

① 2020 年政府工作报告 [EB/OL].http://www.gov.cn/zhuanti/2020lhzfgzbg/index.htm,2020-05-22.

② 民政部 2019 年民政事业发展统计公报 .

③ 程福财 . 家庭、国家与儿童福利供给 [J]. 青年研究 ,2012(1):50-56.

④ 刘凤,于丹 . 非政府组织参与困境儿童救助的制约因素及出路 [J]. 学术交流 ,2015(4):155-159.

织资源的稀缺主要表现在资金和人才两个方面，人才的短缺也可以归因于资金的匮乏，不完善的内部治理结构降低了社会组织动员社会资源、树立组织形象的能力，是阻碍社会组织发展的主要问题之一，非政府组织的专业能力是其安身立命的根基，政府和基金会不会把扶贫项目交给专业能力不足的非政府组织承担，参与社会工作服务的工作者由社会工作相关专业学生、社区或居委会的工作人员以及社会志愿者等组成。"大量的儿童救助民间组织更多的是凭借个人的热情和爱心而创建起来的，创办人缺乏经营民间组织的专业知识，也没有接受相关的培训"①。在这些组成人员中，只有相关专业的学生对社会工作及相关专业课程进行过系统的学习，但他们又缺少实践经验；长期以来，困境儿童的救助工作被视为社会管理工作的一部分，而不是一项要求专业知识和专业技能的社会工作。"在这种观念的影响下，过去乡村困境儿童的救助工作人员大多没有接受过社会工作的专业训练"②。在现在的互联网时代，"公益事业的运营模式同企业一样，既需要具备专门知识和专业技能，要求管理者拥有科学管理能力，又要保持组织的持续创新"③。如今尽管救助理念已经发生改变，但是救助保护中心的工作人员却大多没有改变，救助专业化水平也普遍较低，在缺乏必要的社会工作专业知识和技能的情况下，要求他们向被救助的乡村困境儿童提供专业有效的服务就非常困难。④专业社会工作者、志愿者、公益中心等社会组织，参与乡村困境儿童保护有利于扩大服务供给总量，也有利于提高服务质量，增强保护效果的

---

① 中国青少年研究中心"民间儿童救助组织调查"课题组. 民间儿童救助组织调查报告——现状、问题与对策 [J]. 中国青年研究,2006(5):14-19.

② 柏文涌，黄光芬，齐芳. 社会管理创新视域下困境儿童救助策略研究——基于儿童福利理论的视角 [J]. 云南行政学院学报,2013(2):137-140.

③ 刘凤,于丹. 非政府组织参与困境儿童救助的制约因素与出路 [J]. 学术交流,2015(4):155-159.

④ 赵佳佳. 我国困境儿童救助问题及其对策研究 [J]. 法制与社会,2015(20):174-175.

可持续性。到目前为止，我国乡村困境儿童保护中的社会组织参与尚处于初级阶段，在具体实践中呈现出"强政府—弱社会"的总体布局，[①] 参与主体单一、合作方式固化、合作不足等，都严重影响着困境儿童保护的效果。

另外，部分非政府组织缺失公益精神，内部自律和行业自律不足，公信力不够，降低了动员社会资源参与扶贫的能力，影响了非政府组织功能的发挥。"政府在购买社会服务或是引入相关社会组织时观念滞后，缺乏专业的判断力，在成本把控、服务效率监管等方面的工作不够精细，导致了最后所提供的服务质量效率不尽如人意"[②]。非政府救助组织缺乏宣传意识，在乡村困境儿童救助工作中宣传能力相对薄弱，没有充分发挥宣传平台的专业作用。正如访谈中校长提到"给孩子提供特殊的帮助，需要把学生们宣传出去，走出校园走进社会，进入社区，开展一些活动，让更多的人理解这样一个群体，通过民间组织的宣传媒介作用，让更多的人来了解这些孩子，从而为他们以后的就业提供一些机会。"[③] 总的来说，宏观层面上的制度不完善以及微观层面上社会救助组织水平不足、公信力低下等问题，不仅制约了我国现有社会救助体系服务的发展，同时抑制了不少潜在社会力量参与社会救助事业的动力与信心。

4. 乡村困境儿童家庭教育存在局限性

（1）隔代教养，乡村困境儿童家庭教育质量不高[④]

家庭环境系统对一个儿童来讲无疑是重要的，家庭在一个儿童的成长过程中所起到的作用是不可小看的，对儿童情感能力、同理心、个人

---

① 冀慧珍,杨雪.我国支出型贫困救助政策的问题与完善路径 [J].晋阳学刊,2020(2):140-145.
② 张芳.从购买到回购:政府公共服务供给模式转变研究 [D].华东政法大学,2018:32.
③ 资料来源于课题组 2017 年 11 月的访谈调研.
④ 安俊,王志敏.探析农村留守儿童家庭教育困境及优化策略 [J].中国校外教育,2017(13):17-18.

发展都有着积极作用。在家庭系统中，父母无疑是最直接与儿童发生互动的对象，当家庭功能失调和缺失时，最直接受害者就是儿童，父母的态度与反应会直接影响儿童的行为和个性。未成年人大多数缺乏规避伤害的能力，他们弱小，需要关爱与呵护，当家庭功能失调或缺失的时候，也最容易成为牺牲者。"由于多数乡村困境儿童为单亲家庭甚至是孤儿，以隔代教育为主，隔代教育虽有很强的监护意愿，但是乡村困境儿童的祖父和祖母中，绝大部分为小学文化程度，由于教育水平的限制，导致实际监护能力较差"[①]。监护不力，造成乡村困境儿童遭受意外伤害、不法侵害，甚至危及生命等问题。失独家庭不仅面临生活孤独、看病难贵的问题，并且还面临社会歧视、心理失衡的问题。他们普遍自我封闭，很难与人交流，容易言语偏激、行为失常，而且由于父母一方或父母双方长期不在家中，乡村困境儿童可能面临家庭照顾脆弱化的风险。比如照顾者因为教养能力、精力和知识与技能的缺乏，不能采用正确合理的方法照顾儿童，导致乡村困境儿童经常不能获得充足的休息和适当的饮食，影响儿童的健康生活和成长。困境家庭儿童的第一监护人父母由于多种原因没有履行监护责任，常由祖辈代为监护。隔代监护显著的困难就是祖辈和孙辈两方之间的时代隔阂，产生沟通不顺畅，由此极易造成双方关系紧张。

（2）乡村困境儿童家庭教育观念落后

一方面，"乡村困境儿童家长受到传统的'教养分离'观念的影响，认为学习教育孩子只是教师、学校的责任，自己本身只负责孩子的衣食住行这些养育的部分，承担养护者的角色，这种观念使得家长不愿意为特殊儿童的发展做进一步的努力，另一方面，也受到中国传统思想'师

---

① 米大帅. 试析社会转型时期困境儿童所遭遇特殊困境 [J]. 现代交际,2020(17):53-55.

道尊严'的影响，推崇教师的权威，认为家长过多的参与学校的教育活动会干扰到教师的权威，影响到学校正常教育教学活动的展开"。[①] 很多特殊学校的家校合作很大程度上是为了学校需要而展开的，家长缺少与学校的双向交流。如访谈中老师提到"学校老师布置给家长的任务，很多家长只是表面迎合，但并没有实际地去做或者回家与孩子互动，还有部分家长不相信孩子可以达到老师的要求，不让孩子去做活动，反而自己把活动完成"[②]。还有老师谈到"有些家庭由于孩子在智力或者生活行为方面存在问题，家长就会把心思倾注在二胎身上，对孩子漠不关心，认为孩子在学校就是老师的事情"。[③]

乡村困境儿童家长还存在其他一些儿童养育、教育等方面的错误观念。如我国传统观念中普遍认为诸如管教孩子等事项应属于家庭自治范围内的事务，在"棍棒底下出孝子"的传统教育观念的影响下，认为孩子是父母的"私有财产"，"父母有权利处置孩子，他人无权干涉"，[④]造成我国虐待儿童的现象时有发生，而乡村困境儿童以及乡村困境家庭儿童由于身心不健全和家庭不完整等原因，更容易受到虐待。在公共权力不宜强行介入的观念下，我国政府和社会对家庭监护的介入并不积极；对特殊儿童的病因存在着认知偏差，认为"只有医生高超的医术可以使自己孩子的病情得到好转，从而执着于寻医问药，忽略了困境儿童的家庭教育和学校教育问题"[⑤]；还有家长认为，"他们在智力和适应性行为方面存在问题，不需要接受学校教育，只有正常的孩子才应该接受教

---

① 张贵军,阳泽,董佳琦.融合教育背景下特殊儿童家长参与学校教育活动的困境及突破 [J].绥化学院学报,2020(7):17-20.

②③ 资料来源于课题组 2017 年 11 月的访谈调研.

④ 刘凤,于丹.非政府组织参与困境儿童救助的制约因素及出路 [J].学术交流,2015(4):155-159.

⑤ 徐丽丽.国内智障儿童家庭教育研究现状及启示 [J].长春大学学报,2021(1):104-108.

育"①，即便部分在特殊学校接受学校教育的困境儿童家长也认为教育是学校教师的事情，自己只需要满足孩子的生活需求即可，从而将教育孩子的责任与压力转嫁给学校。正如受访谈的老师提到"很多家长，把孩子放到学校里面来以后就完全不管孩子，很多工作就交给老师来做，很明显的可以看到，有家长辅导和没有家长辅导的孩子的区别是很大的"②。这种滞后的儿童保护理念，既不利于乡村困境儿童得到保护，也使得乡村困境儿童接受救助受到制约。

（3）乡村困境儿童家庭迫于经济压力，无暇顾及家庭教育

刘易斯的贫困文化理论认为，穷人在长期的贫困生活中会形成一整套的特定文化体系，这种文化体系导致穷人和其他社会成员文化和生活方式的相互隔离。这种脱离主流文化的"亚文化"一旦形成，便会对贫困个体产生影响，并且被制度化，进而维持着贫困的生活。乡村困境儿童家庭普遍经济状况不佳，其监护人常年在外打工，或者经常生病缺乏劳动力，或者年老体衰行动不便，没有固定的经济来源，不能为孩子的成长提供基本的条件，不能满足孩子生长需要的物质生活条件，导致部分乡村困境儿童的教育质量得不到实质性的提高。如访谈中老师提到"培智学校的一个孩子，妈妈和哥哥智力都有问题，全家老小都是靠着爸爸一个人来照顾，没有办法出去打工挣钱，只能做短工，挣钱很少，家庭负担很重，但是还要每月给孩子缴纳伙食费，对这种家庭来说这也是一笔很大的开销"③。"家长的经济压力是影响乡村困境儿童家庭教育质量的重要方面"。④ 家长时间和精力不够、自身知识水平和能力不足、孩

① 王显豪. 浅谈智力障碍儿童家庭教育指导研究 [J]. 三峡大学学报 (人文社会科学版),2017(2):61–62.

②④ 资料来源于课题组 2018 年 9 月的访谈调研.

③ 徐丽丽. 国内智障儿童家庭教育研究现状及启示 [J]. 长春大学学报,2021(1):104–108.

子的身心障碍程度或类别复杂造成的巨大教养压力以及困境儿童的前期治疗、后期康复等日常开销，也都会给特殊儿童的家长带来很大的生活压力，经济压力会使得乡村困境儿童的家长的主要精力集中于提高收入上，而无意识地忽略了特殊儿童的家庭教育。既"影响了有效的教育康复等社会支持的获得，还使得家长在教养孩子的过程中无法和孩子或者学校建立良好的沟通"①，致使多数乡村困境儿童形成沉默寡言、孤独、忧郁的性格。如访谈中老师提到"因为特殊教育孩子的家庭差异性很大，很难做好家校联合，学校教的那些需要家长配合的东西，很多家长做不到"。

---

① 朱楠，彭盼盼，邹荣．特殊儿童家庭社会经济地位、社会支持对亲子关系的影响 [J]．中国特殊教育，2015(9):19-24.

第四章

乡村困境儿童教育精准支持政策的内容分析

　　"教育政策分析是教育分析者，运用科学的方法及技术对教育政策的内容、过程及结果等方面进行分析，从而促使教育政策达到预期目标的活动。包括：教育政策的内容分析、教育政策的过程分析、教育政策的环境分析和教育政策的价值分析。"[1]"在进行教育政策内容分析时，要运用一定的步骤和标准对教育政策文本中的政策规范进行分析。第一步是要对教育政策文本中的政策规范进行考察；第二步是确定并论证教育政策内容分析的标准；第三步是用这一标准对教育政策文本中的政策规范进行分析。"[2]本章在对乡村困境儿童教育支持政策内容进行分析时，遵循了教育政策内容分析的这条基本路径。首先，对有关乡村困境儿童教育支持政策的文本进行考察，并进行归类分析；其次，运用理论分析和事实分析确立乡村困境儿童政策具体内容的分析标准；再次，运用以上标准来对乡村困境儿童教育的文本进行全面分析，对改进乡村困境儿童教育支持政策提出改进建议。

一、乡村困境儿童教育支持相关政策梳理

（一）乡村困境儿童教育支持政策的主体

　　国务院印发《九十年代中国儿童发展规划纲要》（1992）指出，儿童发展规划是一项综合性的社会工程，需要全社会齐抓共管。国务院各

---

① 孙绵涛. 关于教育政策分析若干理论问题的探讨 [J]. 教育研究与实验，2002(2):28.

② 孙绵涛. 关于教育政策内容分析的探讨——以中国 1978 年后教育体制改革政策内容的分析为例 [J]. 教育研究与实验，2007(3):33.

有关部门和社会各有关方面，要根据规划纲要的要求和各自的职责范围，制定具体实施方案。

国务院印发《城市生活无着的流浪乞讨人员救助管理实施细则》（2003）规定，县级以上地方人民政府民政部门，应当加强对救助站的领导和监督管理。

民政部印发《关于制定福利机构儿童最低养育标准的指导意见》（2005）指出，地方各级民政部门作为儿童福利机构的上级主管部门，要进一步加强对儿童福利机构的指导和支持，主动帮助解决福利机构的现实困难和实际问题，为在院儿童创造积极健康的成长条件。社会各界捐赠给儿童福利机构的款物要直接用于儿童成长支出，不得冲抵福利机构行政事业经费和儿童养育费。儿童福利机构要切实负起责任，完善岗位责任制，规范内部管理，加强人员培训，不断提高养育质量和康复训练、特殊教育水平。

《中华人民共和国义务教育法》（2006）规定，普通学校应当接收具有接受普通教育能力的残疾适龄儿童、少年随班就读，并为其学习、康复提供帮助。

民政部印发《关于加强流浪未成年人工作的意见》（2006）指出，做好流浪未成年人工作，事关未成年人合法权益保护和社会稳定，涉及多个部门，具有很强的政策性。因此，各级政府、各个部门要以有关法律法规为依据，认真履行各自职责，协调配合、齐心协力，做好流浪未成年人工作。

民政部等15部门印发《关于加强孤儿救助工作的意见》（2006）提出，要建立政府领导、民政牵头、部门配合、社会参与的孤儿救助保护工作机制。

《中华人民共和国残疾人保障法》（2008）规定了各级人民政府和有关部门、中国残疾人联合会，及其地方组织对于残疾人保护、救助的基本责任，鼓励社会组织和个人为残疾人提供捐助和服务，指出全社会应当发扬人道主义精神，理解、尊重、关心、帮助残疾人，支持残疾人事业。

国务院印发《关于实施农村义务教育学生营养改善计划的意见》（2011）提出，鼓励共青团、妇联等人民团体，居民委员会、村民委员会等有关基层组织，以及企业、基金会、慈善机构，在地方人民政府统筹下，积极参与推进农村义务教育学生营养改善工作，在改善就餐条件、创新供餐方式、加强社会监督等方面积极发挥作用。

民政部印发《关于开展适度普惠型儿童福利制度建设试点工作的通知》（2013）指出，要指导各试点市（县）把政策创制纳入试点工作的议事日程，制定周密的试点工作方案，有序推进试点工作的开展。各试点市（县）方案请在报经省厅批准后报民政部社会福利和慈善事业促进司备案。

教育部印发《关于实施教育扶贫工程意见的通知》（2013）指出，应积极创造条件，引导非政府组织参与和执行教育扶贫开发项目。

民政部、中央综治办、教育部、司法部、公安部、财政部、人力资源社会保障部、国务院扶贫办、共青团中央、全国妇联联合印发《关于在全国开展"流浪孩子回校园"活动的通知》（2013）提出，民政部门要对流浪未成年人逐一进行个人需求和家庭监护情况评估，提出义务教育或替代教育、职业教育、特殊教育、职业培训等建议，帮助适龄适学流浪未成年人在户籍地返校复学；救助保护机构要在民政、教育等部门的指导下，做好流浪未成年人的生活照料服务，加强思想品德、法制观念、社会生活等方面的知识教育和替代教育，提供生活技能、心理疏导、康复训练等服务，切实承担临时监护责任。

教育部、发展改革委、民政部印发《特殊教育提升计划（2014—2016年）》（2014）提出，要初步建立布局合理、学段衔接、普职融通、医教结合的特殊教育体系，办学条件和教育质量进一步提升。建立财政为主、社会支持、全面覆盖、通畅便利的特殊教育服务保障机制，基本形成政府主导、部门协同、各方参与的特殊教育工作格局。

国务院印发《社会救助暂行办法》（2014）指出，公安机关和其他有关行政机关的工作人员在执行公务时发现流浪、乞讨人员的，应当告知其向救助管理机构求助。对其中的残疾人、未成年人、老年人和行动不便的其他人员，应当引导、护送到救助管理机构。

国务院印发《关于加强困境儿童保障工作的意见》（2016）指出，为困境儿童营造安全无虞、生活无忧、充满关爱、健康发展的成长环境，是家庭、政府和社会的共同责任；提出加快形成家庭尽责、政府主导、社会参与的困境儿童保障工作格局，建立健全与我国经济社会发展水平相适应的困境儿童分类保障制度，困境儿童服务体系更加完善，全社会关爱保护儿童的意识明显增强，困境儿童成长环境更为改善、安全更有保障的基本目标。

全国妇联等9部门联合印发《关于指导推进家庭教育的五年规划（2016—2020年）的通知》提出，强化特殊困境儿童群体家庭教育支持服务，及时掌握儿童家庭监护情况、成长发展状况等。

国务院印发《残疾预防和残疾人康复条例》（2017）明确，国家、人民政府、中国残疾人联合会及其地方组织依照法律、法规，采取措施为残疾人提供基本康复服务，开展残疾预防和残疾人康复工作，支持和帮助其融入社会。工会、共产主义青年团、妇女联合会、红十字会等依法做好残疾预防和残疾人康复工作，社会组织、企业事业单位和城乡基层群众性自治组织应当做好所属范围内的残疾预防和残疾人康复工作。从事残疾预防和残疾人康复工作的人员应当依法履行职责，社会各界应当关心、支持和参与残疾预防和残疾人康复事业，新闻媒体应当积极开展残疾预防和残疾人康复的公益宣传。

国务院印发《关于进一步加强控辍保学提高义务教育巩固水平的通知》（2017）要求，履行政府控辍保学法定职责，提升农村学校教育质量。落实义务教育学校管理标准，全面提高农村学校管理水平。

国务院印发《中华人民共和国残疾人教育条例》（1994、2017）规定，国务院教育行政部门、各级人民政府、学前教育机构、各级各类学校及其他教育机构、中国残疾人联合会及其地方组织、残疾人家庭应当依法履行职责，保障适龄残疾儿童、少年接受义务教育的权利。

教育部、国家发展改革委、民政部、财政部、人力资源社会保障部、国务院扶贫办印发《教育脱贫攻坚"十三五"规划》（2017），支持中国扶贫基金会、中国教育发展基金会等公益组织参与教育脱贫工作。积极引导各类社会团体、企业和有关国际组织开展捐资助学活动。发挥好工会、共青团、妇联等群团组织的作用，继续实施"金秋助学计划""春蕾计划""研究生支教团"等公益项目或志愿服务项目，组织志愿者到贫困地区开展扶贫支教、技能培训和宣传教育等工作。

（二）乡村困境儿童教育支持政策的客体

《中华人民共和国义务教育法》（1996）要求，对视力残疾、听力语言残疾和智力残疾的适龄儿童、少年实施义务教育；三类残疾儿童义务教育也被纳入法定轨道。

国务院印发《中国儿童发展纲要（2001—2010年）》（2001）提出，保护处于困境中的儿童。提高残疾儿童康复率。改善孤儿、弃婴的供养、教育、医疗康复状况。基本达到每个地级市都具有养护、医疗康复、教育能力的儿童福利院。逐步完善保护儿童的法律法规体系，依法保障儿童权益；优化儿童成长环境，使困境儿童受到特殊保护；提出加强流浪儿童救助和教育。

民政部等印发《关于加强孤儿救助工作的意见》（2006），把事实无人抚养儿童保障制度纳入议题，是中华人民共和国成立以来对孤儿生活救助和服务保障第一个综合性福利制度安排。

民政部在《关于加强流浪未成年人工作的意见》（2006）中明确指出，公安机关对于执行职务时发现的流浪、乞讨未成年人，打击犯罪行动中解救的未成年人，以及有轻微违法行为但根据有关规定不予处罚且暂时无法查明其父母或其他监护责任人的未成年人等，应当及时将他们护送到流浪未成年人救助保护机构接受救助。

中共中央、国务院印发《关于促进残疾人事业发展的意见》（2008）、《关于进一步加快特殊教育事业发展意见》（2009）提出，应逐步解决"重度肢体残疾、重度智力残疾、孤独症、脑瘫和多重残疾儿童少年"的义务教育，扩大了接受义务教育残疾人群体范围。

《中华人民共和国残疾人保障法》（2008）将残疾人定义为，在心理、生理、人体结构上，某种组织、功能丧失或者不正常，全部或者部分丧失以正常方式从事某种活动能力的人。残疾人包括视力残疾、听力残疾、言语残疾、肢体残疾、智力残疾、精神残疾、多重残疾和其他残疾的人。

国务院印发《国家中长期教育改革和发展规划纲要（2010—2020年）》（2010）要求，把各级各类特殊教育纳入当地经济和社会发展整体规划，大力推进残疾人职业教育，重视发展残疾人高等教育；启动少数民族地区、贫困地区农村小学生营养改善计划；免除中等职业教育家庭经济困难学生和涉农专业学生学费。

教育部印发《国家教育事业发展第十二个五年规划》（2012）指出，开展多种形式的残疾人职业教育。

民政部印发《关于开展适度普惠型儿童福利制度建设试点工作的通知》（2013），将儿童群体分为孤儿、困境儿童、困境家庭儿童、普通儿童四个层次。孤儿分为社会散居孤儿和福利机构养育孤儿两类；困境儿童分为残疾儿童、重病儿童和流浪儿童三类；困境家庭儿童分为父母重度残疾或重病的儿童、父母长期服刑在押或强制戒毒的儿童、父母一方死亡另一方因其他情况无法履行抚养义务和监护职责的儿童、贫困家庭的儿童四类。

中共中央、国务院印发《关于打赢脱贫攻坚战的决定》（2015）提出，要加强对未成年人的监护。健全孤儿、事实无人抚养儿童、低收入家庭重病重残等困境儿童的福利保障体系。健全发现报告、应急处置、帮扶干预机制，帮助特殊贫困家庭解决实际困难。

教育部印发《关于加强家庭教育工作的指导意见》（2015）提出，给予困境儿童更多关爱帮扶，要特别关心流动儿童、留守儿童、残疾儿童和贫困儿童。

中共中央、国务院印发《关于落实发展新理念加快农业现代化实现全面小康目标的若干意见》（2016）指出，要建立健全农村困境儿童福利保障和未成年人社会保护制度。

国务院印发《关于加强困境儿童保障工作的意见》（2016），将困境儿童定义为包括因家庭贫困导致生活、就医、就学等困难的儿童，因自身残疾导致康复、照料、护理和社会融入等困难的儿童，以及因家庭监护缺失或监护不当遭受虐待、遗弃、意外伤害、不法侵害等，导致人身安全受到威胁或侵害的儿童。

全国妇联等9部门联合印发《关于指导推进家庭教育的五年规划（2016—2020年）的通知》（2016）提出，强化特殊困境儿童群体家庭教育支持服务，及时掌握儿童家庭监护情况、成长发展状况等，重点摸排所辖社区留守、流动、贫困、重病、重残等特殊困境儿童家庭情况，逐步建立登记报告制度。

国务院《关于印发"十三五"国家信息化规划的通知》（2016）提出，构建面向特殊人群的信息服务体系。针对孤寡老人、留守儿童、困境儿童、残障人士、流动人口、受灾人员、失独家庭等特殊人群的实际需求，整合利用网络设施、移动终端、信息内容、系统平台、公共服务等，积极发展网络公益，统筹构建国家特殊人群信息服务体系，提供精准优质高效的公共服务。

（三）乡村困境儿童教育支持政策的内容

国务院印发《九十年代中国儿童发展规划纲要》（1992），从妇幼保健与营养、基础教育与扫盲、社区、家庭保障、儿童权益保护、优生、优育、优教等方面提出了中国儿童发展总体规划。

国家教委、中国残疾人协会印发《残疾儿童少年义务教育"九五"实施方案》（1996）要求，使残疾儿童与其他儿童同步实施义务教育；残疾幼儿学前教育有较大发展。

民政部印发《社会福利机构管理暂行办法》（1999）提出，完善包括孤残儿童收养机构在内的社会福利机构的审批、管理制度。

国务院印发《中国儿童发展纲要（2001—2010年）》（2001），以促进儿童发展为主题，从儿童与健康、儿童与教育、儿童与法律保护、儿童与环境四个领域，提出了2001—2010年的目标和策略措施。

教育部、国家计委、民政部、财政部、人事部、劳动保障部、卫生部、税务总局、中国残联联合印发《关于"十五"期间进一步推进特殊教育改革和发展的意见》（2001）明确规定了发达、农村和贫困三类地区残疾儿童少年义务教育入学率的奋斗指标。

国务院印发《城市生活无着的流浪乞讨人员救助管理实施细则》（2003）规定，流浪人员救助在性质上是临时性救助，救助管理站（未成年人救助保护中心）的主要职责是给予流浪人员一般不超过 10 天的临时性生活救助，辅以必要的医疗、教育、法律、心理等救助内容。

民政部印发《关于加强流浪未成年人工作的意见》（2006）指出，注重解决流浪未成年人工作中存在的问题，加大政府投入，完善有关政策，健全工作机制，加强协调配合，强化家庭责任，创新工作方法，净化社会环境，切实保障流浪未成年人的健康成长。

民政部印发《"儿童福利机构建设蓝天计划"实施方案》（2007）提出，"以改善孤残儿童成长环境、提高孤残儿童生活质量为目标"的福利机构建设方针。

中国残联印发《关于加快推进残疾人社会保障体系和服务体系建设的指导意见》（2010）提出，实施养育、康复、教育、就业、住房相配套的孤残儿童综合性福利政策。

中共中央、国务院印发《关于促进残疾人事业发展的意见》（2008）提出，鼓励从事特殊教育，加强师资队伍建设，提高特殊教育质量。完善残疾学生的助学政策，保障残疾学生和残疾人家庭子女免费接受义务教育。

民政部印发《关于开展适度普惠型儿童福利制度建设试点工作的通知》（2013）提出，明确适度普惠型儿童福利制度试点工作的重点内容。首先，明确重点保障对象。试点地区要立足当地经济发展实际和全国儿童福利制度推进的实际，把困境儿童确定为重点保障对象。其次，建立基本生活保障制度。要参照孤儿基本生活保障制度，建立困境儿童基本生活保障制度。

民政部在《生活无着的流浪乞讨人员救助管理机构工作规程》（2014）中规定，规范流浪人员接待、安检登记、生活服务、寻亲服务、医疗服务、离站服务、接送返回等方面。

教育部印发《关于组织申报国家特殊教育改革试验区的通知》（2014）提出，推进医教结合实验，医教结合促进残疾儿童康复。

　　教育部、发展改革委、民政部印发《特殊教育提升计划（2014—2016 年）》提出，初步建立布局合理、学段衔接、普职融通、医教结合的特殊教育体系；继续开展医教结合实验，探索教育与康复相结合的特殊教育模式。

　　国务院印发《关于加快推进残疾人小康进程的意见》（2015），对解决 0—6 岁残疾儿童康复、残疾儿童义务教育及残疾家庭儿童教育问题提出建议。

　　国务院印发《乡村教师支持计划实施办法》（2015）提出，采取切实措施加强老少边穷岛等边远贫困地区乡村教师队伍建设，明显缩小城乡师资水平差距，让每个乡村孩子都能接受公平、有质量的教育。

　　中国残疾人联合会印发《全国孤独症和智力残疾儿童康复人员培训项目实施方案》（2015）提出，我国残疾儿童康复制度化。以制度的建立促进残疾儿童康复事业的发展。

　　中共中央、国务院在《关于打赢脱贫攻坚战的决定》（2015）中强调：着力加强教育脱贫。加快实施教育扶贫工程，让贫困家庭子女都能接受公平有质量的教育，阻断贫困代际传递。

　　国务院《关于印发"十三五"国家信息化规划的通知》（2016）提出，构建面向特殊人群的信息服务体系。整合利用网络设施、移动终端、信息内容、系统平台、公共服务等，积极发展网络公益，统筹构建国家特殊人群信息服务体系，提供精准优质高效的公共服务。

　　国务院印发《关于加强困境儿童保障工作的意见》（2016）提出，以促进儿童全面发展为出发点和落脚点，坚持问题导向，优化顶层设计，强化家庭履行抚养义务和监护职责的意识和能力，综合运用社会救助、社会福利和安全保障等政策措施，分类施策，精准帮扶，为困境儿童健康成长营造良好环境。

国务院印发《关于进一步加强控辍保学提高义务教育巩固水平的通知》（2017）提出，精准确定教育扶贫对象，把控辍保学工作作为脱贫攻坚的硬任务，压实工作责任，确保孩子不因家庭经济困难而失学辍学。全面落实教育扶贫和资助政策，完善扶贫助学工作机制，提高贫困地区义务教育学生升学的信心。

国务院印发《残疾人教育条例》（2017）提出，根据儿童残疾的情况，由县级教育行政部门安排专门人员以家庭辅导的形式接受教育。

国务院印发《国家教育事业发展"十三五"规划》（2017）指出，保障困难群体受教育权利。办好残疾儿童特殊教育，促进教育与康复相结合，注重残疾学生潜能开发和缺陷补偿。实现家庭经济困难学生资助全覆盖。

教育部、国务院扶贫办印发《深度贫困地区教育脱贫攻坚实施方案（2018—2020年）》提出，实现建档立卡，实现贫困人口教育基本公共服务全覆盖。保障各教育阶段建档立卡学生从入学到毕业的全程全部资助，保障贫困家庭孩子都可以上学，不让一个学生因家庭经济困难而失学。实现更多建档立卡贫困学生接受更好更高层次教育，都有机会通过职业教育、高等教育或职业培训实现家庭脱贫，教育服务区域经济社会发展和脱贫攻坚的能力显著增强。

民政部印发《关于开展全国农村留守儿童关爱保护和困境儿童保障示范活动的通知》（2018）提出，以依法保护农村留守儿童和困境儿童合法权益为目标，以加强制度保障、健全组织领导和运行机制、完善服务体系为主要内容，以建立健全、监测预防、强制报告、应急处置、评估帮扶、监护干预"五位一体"的救助保护机制为关键环节，打造一批领导重视、制度健全、机制有效、措施有力、服务规范的农村留守儿童关爱保护和困境儿童保障示范地区。

（四）乡村困境儿童教育支持政策的方法

国务院在《关于实施义务教育法若干问题的意见》（1986）中提到，特殊教育办学形式要灵活多样，除特设特殊教育学校外，还可在普通小学或初中附设特殊教学班。应把那些虽有残疾，但不妨碍正常学习的儿童吸收到普通中小学上学。

国家教育委员会、民政部、中国残疾人联合会，在全国特殊教育工作会议的报告（1988）中提出，普通学校要招收特殊学生进行随班教学，随班就读正式成为了特殊教育的安置形式之一。

国家教育委员会印发《关于开展残疾儿童少年随班就读工作的试行办法》（1994）指出，将随班就读作为发展和普及我国残疾儿童少年义务教育的一个主要办学形式，并对随班就读提出了明确具体的规定。

中央社会治安综合治理委员会在《关于加强流动人口管理工作的意见》（1995）中提出，可在流浪儿童较多的城市试办流浪儿童保护教育中心的工作思路。

国务院印发《中国公民收养子女登记办法》（1999）指出，使家庭寄养成为孤残儿童养育的重要方式。

民政部印发《关于加强流浪未成年人工作的意见》（2006）提出，积极探索流浪未成年人工作专业化、社会化的发展道路，通过引入社会工作专业制度、聘用专业社会工作者、建立志愿者服务基地、引导培育民间力量参与流浪未成年人工作、开展国际合作交流、充分利用社会资源等，聚智聚力，共同做好流浪未成年人工作。

财政部、教育部印发《少数民族教育和特殊教育中央补助专项资金管理办法》（2006）明确提出，中央补助专项资金主要用于购置教学仪器设备、康复训练设施和图书资料等。

2008 年修订通过的《中华人民共和国残疾人保障法》规定，采取提供康复服务资金和资源、制定和实施政策文件、推动残疾人康复行政立法等多种方式，对残疾儿童享有的康复服务权利予以行政保障。

中共中央、国务院印发《关于促进残疾人事业发展的意见》（2008）提出，采取多种措施扫除残疾青壮年文盲。积极开展残疾人职业教育培训，有条件的地方实行对残疾人就读中等职业学校给予学费减免等优惠政策。支持师范院校培养特殊教育师资。实施中西部地区特殊教育学校建设工程，落实特殊教育学校教师特殊岗位津贴政策。各级各类学校在招生、入学等方面不得歧视残疾学生。

国务院印发《关于加强和改进流浪未成年人救助保护工作的意见》（2011）提出，加大打击拐卖未成年人犯罪力度、帮助流浪未成年人及时回归家庭、强化流浪未成年人源头预防、治理和做好流浪未成年人的教育矫治等，加强和改进流浪未成年人救助保护工作的措施。

民政部等在《关于在全国开展"接送流浪孩子回家"专项行动的通知》（2011）中指出，要通过开展"接送流浪孩子回家"专项行动，帮助流浪未成年人回归家庭、告别流浪，力争到 2012 年底基本实现城市街面无流浪未成年人的目标。

公安部、民政部、最高人民法院、最高人民检察院在《关于依法处理监护人侵害未成年人权益行为若干问题的意见》（2014）中明确了撤销监护人资格制度，可以看作是对事实孤儿保护的最高级别的法律性文件。

国务院印发《残疾预防和残疾人康复条例》（2017）提出，实现 0—6 岁视力、听力、言语、肢体、智力等残疾儿童和孤独症儿童，免费手术和免费辅助器具配置以及康复训练。

中国残疾人联合会印发《全国孤独症和智力残疾儿童康复人员培训项目实施方案》（2015），通过编制培训大纲和教材，统一培训内容，要求中国残联康复部预留两期孤独症儿童康复师资培训班经费，对培训班进行质量监控等措施保障孤独症和智力残疾儿童康复人员培训项目实施。

民政部、公安部印发《关于加强生活无着流浪乞讨人员身份查询和照料、安置工作的意见》（2015）指出，救助保护机构应当从有利于未成年人健康成长的角度，认真履行临时监护职责，通过提供站内照料、委托儿童福利机构抚养等方式，为其提供符合身心、年龄等特点的生活照料、康复训练等服务。

国务院印发《残疾人教育条例》（2017）提到，根据儿童残疾的情况，由县级教育行政部门安排专门人员以家庭辅导的形式接受教育。

财政部、教育部、中国人民银行、银监会联合印发《关于进一步落实高等教育学生资助政策的通知》（2017）提出，高等教育学生资助"四个精准"的要求：一是对象精准，二是力度精准，三是分配精准，四是发放精准。

国务院在《国务院办公厅关于进一步调整优化结构提高教育经费使用效益的意见》中提出，单独核定并落实义务教育阶段特殊教育学校和随班就读残疾学生公用经费，确保经费落实到学校（教学点），确保学校正常运转。

教育部、国家发展改革委、民政部、财政部、人力资源社会保障部、国家卫生和计划生育委员会、中国残联联合印发《第二期特殊教育提升计划（2017—2020 年）》（2017）提出，推进医教结合，深化特殊教育课程改革，加强特教学校教材和教学资源建设；探索医教结合的模式和制度；对随班就读的规模、经费、师资、资源教室的建设等都提出了相应的规定与要求。以普通学校随班就读为主体、以特殊教育学校为骨干、以送教上门和远程教育为补充，全面推进融合教育。

教育部印发《关于加快发展残疾人职业教育的若干意见》（2018）指出，大力发展残疾人中等职业教育，让完成义务教育且有意愿的残疾人都能接受适合的中等职业教育。职业院校要通过随班就读、专门编班等形式，逐步扩大招收残疾学生的规模，不得以任何理由拒绝接收符合录取标准的残疾学生入学。

教育部、国家发展改革委、财政部、人力资源社会保障部、中央编办印发《教师教育振兴行动计划（2018—2022年）》提出，加强中西部地区和乡村学校教师培养，重点为边远、贫困、少数民族地区教育精准扶贫提供师资保障。支持中西部地区提升师范专业办学能力。推进本土化培养，面向师资补充困难地区逐步扩大乡村教师公费定向培养规模，为乡村学校培养"下得去、留得住、教得好、有发展"的合格教师。建立健全乡村教师成长发展的支持服务体系，高质量开展乡村教师全员培训，培训的针对性和实效性不断提高。

二、乡村困境儿童教育支持政策内容分析标准的建构

（一）乡村困境儿童教育支持政策主体标准：全面涵盖且职责明确

首先，要实现对乡村困境儿童的教育支持，应明确乡村困境儿童教育支持的"主体"，也就是乡村困境儿童教育支持的主体是否全面和主体职责是否明确，解决由"谁"提供教育支持的问题。

本书提出乡村困境儿童教育支持主体标准的目的在于，分析现有的乡村困境儿童教育支持政策中，是否全面以及是否对参与乡村困境儿童教育支持的主体做出明确划分。乡村困境儿童教育支持主体标准建构：政府作为乡村困境儿童教育支持主体，提供的是强制性支持和保障，通过制度和法律手段来维护乡村困境儿童接受教育支持的权利；学校是乡村困境儿童学习基本知识、基本技能和获得实践能力的场所，为乡村困

境儿童提供包括学习、情感、交往的支持；社会层面应建立以家庭支持为基础、社区支持为桥梁、社会组织支持为纽带、公民参与为媒介的乡村困境儿童教育支持网络；考虑到教育政策研究专家学者中立性、科学性和学术性的特点，吸引专家学者参与到乡村困境儿童教育精准支持的过程中。其中，政府应起主导作用，制定政策提供乡村困境儿童教育支持和立法保障，加快完善国家监护体系和救助体系，明确政府在乡村困境儿童救助上的主体责任；学校可以运用自己的资源网络向上级部门申请经济支持，对乡村困境儿童实行免学杂费、免费提供教科书、补助家庭经济困难寄宿生生活费等政策。

另外，可以整合学校资源促进乡村困境儿童的人格发展，在传授知识的同时侧重对乡村困境儿童的技能培训，为乡村困境儿童提供走出困境的发展机会；社会层面，发挥社会组织的作用，大力发展志愿服务，推进社会慈善氛围的形成，借助政府购买社会组织服务，积极吸引社会力量参与乡村困境儿童的教育支持。吸引专家学者参与到乡村困境儿童教育支持的过程中。由此形成政府依法主导、社会组织有序参与、专家群体务实推动的多元互动的乡村困境儿童教育支持主体。依据这样的标准，乡村困境儿童教育支持政策主体的内容分析应该包括两个方面，一方面，乡村困境儿童教育支持政策中的支持主体是否包括政府、学校、家庭、社会组织、专家学者以及公民；另一方面，分析对于乡村困境儿童教育支持的多元主体的职责是否有明确具体的政策规定。

（二）乡村困境儿童教育支持政策客体标准：精准分类且没有遗漏

要实现对乡村困境儿童的教育支持，应明确乡村困境儿童教育支持的客体，解决的是为谁提供教育支持的问题，也就是乡村困境儿童教育支持的客体是否精准分类且没有遗漏。本研究提出乡村困境儿童教育支持客体标准的目的在于，分析现有的乡村困境儿童教育支持政策规定中，是否对困境儿童精准分类以及分类类型是否遗漏。乡村困境儿童教育支持客体标准建构：依据前述对困境儿童概念界定以及分类标准的分析，乡村困境儿童教育支持的客体应包括：生理性困境儿童，社会性困境儿童，以及生理、社会双重性困境儿童。

因此，乡村困境儿童教育支持政策中的支持客体应该包括：生理性困境儿童，即残疾儿童和患病儿童；社会性困境儿童，被遗弃儿童、流浪儿童、被拐卖儿童、孤儿等脱离或丧失家庭监护的儿童；父母重度残疾或重病的儿童、父母长期服刑在押或强制戒毒的儿童、父母一方死亡另一方因其他情况无法履行抚养义务和监护职责的儿童、受虐待的儿童、贫困家庭的儿童等；父母被剥夺监护权的儿童和乡村困境家庭儿童，以及上述生理性和社会性双重乡村困境儿童类型。

依据这样的标准，乡村困境儿童教育支持政策客体的内容分析，应该包括两个方面，一方面，乡村困境儿童教育支持政策中的支持客体是否包括生理性困境儿童、社会性困境儿童以及生理性、社会性双重困境儿童；另一方面，分析乡村困境儿童教育支持客体的政策规定是否有遗漏的类型。

（三）乡村困境儿童教育支持政策内容标准：生存、保障且发展

要实现对乡村困境儿童的教育支持，应再次明确乡村困境儿童教育支持的"内容"，解决的是为乡村困境儿童提供教育支持什么的问题。也就是乡村困境儿童教育支持的内容，是否不仅涉及乡村困境儿童的生存层面、保障层面，还包括乡村困境儿童的发展层面。本研究提出乡村困境儿童教育支持内容标准的目的在于，分析现有的乡村困境儿童教育支持政策中，是否有对乡村困境儿童教育精准内容的生存、保障、发展三个方面的政策规定。乡村困境儿童教育支持内容标准建构：对乡村困

境儿童教育支持的内容，遵循补偿性的社会救助向发展性的教育支持转变的原则，以"进得来、留得住、学得好"为宗旨，建构以"生存、保障、发展"为目的的教育安置体系。"进得来"是针对乡村困境儿童个体不同的情况和需求，让每个乡村困境儿童都能接受义务教育和技能培训以及生存能力培训；"留得住"是通过保护性福利，使得乡村困境儿童接受的教育支持不会"中途退出"，确保乡村困境儿童入学和不失学；"学得好"是通过发展性福利，使得乡村困境儿童通过教育支持得到可持续发展[①]。因此，依据这样的标准，乡村困境儿童教育支持政策内容的分析，应该包括乡村困境儿童通过相应的政策支持实现自然的主体（生存）—自在的主体（保障）—自我的主体（发展）的发展逻辑。以期通过教育支持使乡村困境儿童掌握生活所需的基本知识和基本技能，为其进入社会提供保障。

（四）乡村困境儿童教育支持政策方法标准：重心下移且精准到人

要实现对乡村困境儿童的教育支持，最后应明确乡村困境儿童教育支持的方法，解决的是怎样提供教育支持的问题，也就是乡村困境儿童教育支持的方法是否重心下移且精准到人。基于习近平总书记的"精准扶贫"思想，强调扶贫必先扶智。针对不同贫困地区、不同贫困人口各自不同的致贫原因，探求精准对症的教育脱贫路径。本研究提出乡村困境儿童教育支持内容标准的目的在于，分析现有的乡村困境儿童教育支持政策中，是否有对乡村困境儿童教育支持的相关政策规定进一步重心下移、精准到人。乡村困境儿童教育支持内容标准建构：乡村困境儿童教育支持由过去以县到乡到户为单位的撒网式支持，实现重心的进一步下移，精准到每个人，也就是"一对一"地针对每一个乡村困境儿童，强调精准、个性化、因地因人、因事制宜。因此，依据这样的标准，乡

---

① 邓旭，徐镝. 困境儿童教育精准支持：主体、客体、方法、内容 [J]. 教育理论与实践，2018(10)：18-22.

村困境儿童教育支持政策内容的分析应该包括两个方面：一方面，乡村困境儿童教育支持政策中的支持方法是否精准；另一方面，分析乡村困境儿童教育支持政策规定是否具有可操作性。

三、乡村困境儿童教育支持政策主体、客体、内容、方法的内容分析

（一）乡村困境儿童教育支持政策主体

乡村困境儿童问题是中国现阶段社会发展的产物，成因复杂，牵涉多个方面的社会因素。同时，由于儿童自身尚处于身心发展不成熟的阶段，自我调节能力和解决问题的能力缺失，造成自身抵抗困难环境的能力缺乏；又由于对于乡村困境儿童教育支持，不同群体有着不同的理解和诉求，形成了各种群体的立场。为乡村困境儿童提供精准的教育支持，应该考虑各种群体的不同立场，建立多元主体的乡村困境儿童教育支持系统。[①] 这有助于政府部门职能转变，大力发挥民间力量在解决乡村困境儿童问题中的作用。同时，在参与乡村困境儿童教育支持的过程中，提高每个社会成员意识，并真正意识到保护儿童是每一个人的责任和义务，是建立困境儿童教育支持系统的必然要求。在这个过程中，乡村困境儿童教育支持各主体之间的利益如何分配、其责任如何划分，需要制定完善的政策，使各乡村困境儿童教育支持主体相互配合，形成乡村困境儿童教育支持主体的有机整体。根据上文提出的乡村困境儿童教育支持政策主体分析标准，乡村困境儿童教育支持政策设计中的教育支持主体，应包括政府、学校、家庭、社区、社会组织、专家以及媒体和公众。

1. 现状与问题

（1）政府对乡村困境儿童的政策支持不断加强

乡村困境儿童是需要保护的弱势群体，政府在乡村困境儿童的教育支持上发挥着基础性、关键性的重要作用。当前，政府通过制定和完善

---

① 邓旭，马凌霄. 困境儿童教育精准支持及其实现路径 [J]. 辽宁教育行政学院学报，2018(6):28-34.

一系列有关困境儿童社会救助、社会保护、教育支持相关的政策法规，逐步健全乡村困境儿童教育支持政策体系，完善和推动乡村困境儿童教育支持体系的建设发展。目前的乡村困境儿童教育支持政策，经历了由新中国成立以后建立的以政府为主导，对孤残儿童群体进行养护照料的"补缺型"福利制度到现今实行的"建设适度普惠型儿童福利制度"的转变，从儿童健康、教育、法律保护和环境四个领域提出了儿童发展的主要目标和策略措施。①

　　为了保障儿童特别是乡村困境儿童的健康状况，国务院于 2011 年下发《关于实施农村义务教育学生营养改善计划的意见》，将乡村儿童的营养改善计划纳入到政策议题。随之，教育部等 15 个部门相继印发《农村义务教育学生营养改善计划实施细则》等配套文件，注重乡村儿童群体的营养状况改善。在教育层面，2011 年财政部、教育部等部门联合印发《关于建立学前教育资助制度的意见》，积极保障家庭经济困难儿童、孤儿和残疾儿童的学前教育。由此，我国以政府为主导的儿童教育权益保障体系已基本涵盖儿童的整个教育体系，即包含学前教育、义务教育和中等教育等，初步形成普惠型的资助政策体系。②此外，政府通过政策规定，实行对农村义务教育阶段贫困家庭学生"免杂费、免书本费、逐步补助寄宿生生活费"（即"两免一补"），对家庭经济困难寄宿生提供生活补助等措施。2013 年 11 月，党的十八届三中全会要求"健全困境儿童分类保障制度"，随后在 2014 年政府工作报告中进一步提出"加强未成年人保护和困境家庭保障"的要求，这表明如何保障包括乡村困境儿童在内的困境儿童，已被纳入政府顶层制度设计中。在 2016 年 6 月颁布的《国务院关于加强困境儿童保障工作的意见》中明确提出了"困境

①中国政府网.国务院关于印发中国妇女发展纲要和中国儿童发展纲要的通知.http://www.gov.cn/zhengce/content/2011-08/05/content_6549.htm.
②朱凡.困境家庭儿童保障中政府责任的完善研究 [D].华东理工大学，2019:22.

儿童"的概念，成为当前我国关于困境儿童以及乡村困境儿童政策保障的纲领性政策规定。民政部在2019年全国民政工作视频会议上提出了《民政部职能配置、内设机构和人员编制规定》，批准民政部单独设立儿童福利司，反映出我国儿童福利政策加强了顶层设计，使得儿童福利的概念不再是置于社会福利和社会保障框架之下。[①] 我国正在逐步探索建立多元主体的普惠型乡村困境儿童政策保障体系。

（2）多元共治的乡村困境儿童教育支持政策体系逐步形成

乡村困境儿童的教育支持，除了政府的强制性保障之外，家庭、社区和社会同样也是保障乡村困境儿童的重要力量。乡村困境儿童教育支持强调政府转变职能，加强与社会组织的沟通，打造多元参与的乡村困境儿童支持和保障体系。《中华人民共和国未成年人保护法》明确指出："保护未成年人，是国家机关、企事业单位、社会团体、基层群众性组织等共同的责任"[②]。

2011年国务院下发了《中国儿童发展纲要（2011—2020年）》，指出要保障儿童生存、发展、受保护和参与的权利，缩小儿童发展的城乡区域差距，提升儿童福利水平，提高儿童整体素质，促进儿童健康、全面发展，并要求政府有关部门、相关机构和社会团体结合各自职责，承担落实纲要中相应目标任务。乡村困境儿童开始被视为家庭、国家和社会的共同责任。随着"兰考孤儿火灾事故"等一系列困境儿童问题的出现，人们逐步认识到民间力量参与困境儿童慈善救助的重要性。

2014年，民政部印发了《关于建立儿童福利领域慈善行为导向机制意见》，鼓励社会力量积极探索对未纳入制度保障的乡村困境儿童的救

① 贾志科，李文强，王思嘉.新中国成立后我国儿童福利政策的演进历程——兼述政策效果及未来方向 [J]. 少年儿童研究，2019(10):28-40.
② 中华人民共和国未成年人保护法.http://www.zzx.gov.cn/c1325/20190313/i846184.html.

助和服务。[①] 提出从引导社会力量确定服务对象、指导社会力量界定工作内容、鼓励社会力量从事医疗救助、协助社会力量争取资源支持、将有关工作经验及时提升为政策法规、做好信息公开和宣传工作等六个方面入手，逐步推进建立儿童福利领域慈善行为导向机制。[②] 标志着民间组织参与困境儿童慈善救助的基本框架已经形成。

2016 年 2 月，国务院下发《关于加强农村留守儿童关爱保护工作的意见》，规定在家庭主体、政府职责、学校保护、组织服务、社会参与中明确各方责任，协调政府与广大社会组织的关系，共同完善农村留守儿童关爱服务体系，强化农村留守儿童关爱保护工作保障措施。[③] 随后，国务院下发了《关于加强困境儿童保障工作的意见》，强化了困境儿童分类保障、健全保障工作体系和提供专业服务的意识，提出了政府主导，家庭关爱为主，动员社会组织参与困境儿童保护的机制，进一步明确了政府、家庭、市场和社会在困境儿童救助中的职责分工，尤其强化了家庭监护主体责任。乡村困境儿童保护和教育支持政策的演变，体现了政府、家庭、市场和社会力量，在解决乡村困境儿童问题中的角色和职责分工与协作机制的重要性。

2016 年 11 月，全国妇联联合教育部、中央文明办、民政部、文化部、国家卫生和计划生育委员会、国家新闻出版广电总局、中国科协、中国关心下一代工作委员会等九部门共同印发了《关于指导推进家庭教育的五年规划（2016—2020 年）》提出，到 2020 年基本建成适应城乡发展、

① 中华人民共和国民政部网站."关于建立儿童福利领域慈善行为导向机制意见"发布.
　http://www.gov.cn/gzdt/2014-02/14/content_2601216.htm.
② 中国政府网.关于建立儿童福利领域慈善行为导向机制的意见.http://www.gov.cn/
　xinwen/2014-02/14/content_2613969.htm.
③ 中国政府网.关于加强农村留守儿童关爱保护工作的意见.http://www.gov.cn/
　zhengce/content/2016-02/14/content_5041066.htm.

满足儿童需求的家庭教育指导服务体系。[①]这有利于向家长传播现代教育理念、澄清对儿童健康成长不利的相关家庭教育理念，制止、改变不利于儿童健康成长的家长行为。正如访谈中提到的："政府的工作要不断完善，社区组织发现乡村困境儿童的有关需求、统筹设计乡村困境儿童教育支持项目、支持政府与社会组织承接、引导专业化的社会工作团队参与的乡村困境儿童工作体系，加大政府向社会组织转移职能、购买服务力度，加快推进城乡社区服务社会化的全覆盖进程。在这个过程中要不断稳步推进社会组织的参与力度，重点培育公益类社区组织以及服务类社区和社会组织，以此来释放社会力量参与乡村困境儿童保护工作的活力，倡导社会力量参与困境儿童救助工作。"[②]这一体系明确了政府和社会力量在乡村困境儿童救助领域中的各自所扮演角色和分工合作的方式，将社区作为联系政府与社会组织的重要中介和枢纽，增进政府和社会组织在整合资源和开展乡村困境儿童教育支持活动中的信息沟通。同时，政府还引导社会组织关注乡村困境儿童救助中的薄弱环节，如医疗救助领域，进一步动员社会力量参与乡村困境儿童合法权益保障工作。

（3）专家参与成为乡村困境儿童教育支持政策决策的中坚力量

专家学者在政策决策和改进中扮演着重要角色。一方面，专家学者可以通过参与研讨、学术交流等形式，为乡村困境儿童教育支持建言献策，体现学术研究智库化的趋势，对乡村困境儿童教育支持的政策决策起到影响与推动作用。2015年全国特殊教育学校社区融合教学共同体研讨会中，浙江杭州幼儿师范大学陈冠杏博士、北京联合大学特殊教育学院许家成教授，分别作了题为"自闭症儿童的有效干预""培智学校社区融合教学模式的建构与应用"的讲座。重庆江津向阳儿童发展中心教

①国务院妇女儿童工作委员会.关于指导推进家庭教育的五年规划.http://www.nwccw.gov.cn/2017-05/23/content_157752.htm.
②课题组对D区政府负责儿童工作的人员的访谈.

师胡菡也作了关于神经平衡疗法专题讲座，对各种障碍类型的孩子进行了现场评估。[1]南京大学社会学院彭华民教授在"金砖国家社会转型、社会政策与社会服务国际研讨会"上建议国家要探索建立联动反应机制，多部门共同保护，建设预防机制、报告机制、评估机制、处理机制、司法保护机制，以防范家庭监护的缺失、监护权转移等。[2]另一方面，专家学者可以直接通过学术成果，客观反映乡村困境儿童的现状和政策性不足。随着乡村困境儿童问题在社会上不断出现，如2013年国内发生了多起儿童受害恶性事件，引起了学界对乡村困境儿童问题的广泛关注，乡村困境儿童问题也成为了学界研究的热点问题。随着学界对困境儿童概念内涵的逐渐清晰，我国政府保护乡村困境儿童的社会福利政策，也得到持续的发展和完善。[3]2013年民政部门提出"困境儿童"概念，把儿童群体分为"孤儿、困境儿童、困境家庭儿童、普通儿童四类"[4]，体现了学界对困境儿童问题的关注以及推动作用。同时，我们也看到广州市花都区由区民政局牵头组建区困境儿童关爱保护专家团队，由相关职能部门推荐引入法律、教育、医疗康复、儿童心理、社会工作等多个领域的17名专家学者参与困境儿童救助保护工作。[5]

（4）社会组织参与乡村困境儿童保障的政策规定有待完善

我国目前乡村困境儿童保护教育支持实施主体，主要是民政部附属的儿童救助机构以及各级各类学校。政策法规给予社会力量参与乡村困

---

① 陈小兵，杨青.全国"特殊教育社区融合教学共同体"研讨活动在赣县举行 [J].江西教育，2015(34):34.

② 中国困境儿童达数百万，学者呼吁建网络防范未成年人被侵害 .https://www.thepaper.cn/newsDetail_forward_1394256.

③ 滕洪昌，姚建龙.困境儿童概念辨析 [J].社会福利（理论版），2017(11):23-29+43.

④ 中华人民共和国民政部网站 .民政部关于开展适度普惠型儿童福利制度建设试点工作的通知 .http://www.mca.goy.cn/article/zwgk/tzl/201306/20130600478862.shtml.

⑤ 广州市花都区政府网站 .区民政局聚焦困境儿童群体组建专家团队加大救助保护力度 .https://www.huadu.gov.cn/gkml/HD05/201910/t20191018_575543.html.

境儿童教育支持的政策空间有限，没有明确社会组织在参与困境儿童教育支持中的责任、权利以及职能，造成儿童保护工作无法充分调动社会民间机构的力量，无法使社会资源和政府资源得到有效整合[①]的弊端，使得社区与社会机构之间缺乏有效连接，没有形成有效的合作互动机制。正如访谈中提到的"我们的社区没有为困境儿童建一些相关的康复的设施设备；青少年活动中心也少有专门为困境儿童建设建资源教室"。[②]另外，困境儿童的保教和托育机构的相关政策规定较少提及，只是 2019 年 5 月国务院办公厅发布了《关于促进 3 岁以下婴幼儿照护服务发展的指导意见》，明确了促进婴幼儿照护服务发展的基本原则、发展目标、主要任务、保障措施等，填补了 3 岁以下婴幼儿照护服务的政策空白。[③]然而，对于乡村困境儿童托育和保教机构来说，还需出台专门性的政策规定以保障 3 岁以下乡村困境儿童。

（5）对乡村困境儿童家庭支持政策规定有待形成

目前，除家庭之外，政府成为对困境儿童最持久且有效的支持力量。但乡村困境儿童作为弱势群体，家庭对其成长和保护具有不可替代的作用。2014 年，国务院印发《国家贫困地区儿童发展规划》指出，应提高贫困地区儿童家庭的资助水平；2016 年，国务院印发《关于加强农村留守儿童关爱保护工作的意见》，为留守儿童家庭关爱保护工作做出了总体性安排；《中华人民共和国未成年人保护法》也对父母或监护人所应承担的监护职责进行了详尽的规定。目前对困境儿童家庭支持的政策多为以补缺为主的救助型政策。一方面政策措施主要局限于轻度或中度残疾儿童的特殊教育与康复等，而为家庭成员提供的指导与服务的政策规

---

① 亓迪. 促进儿童发展福利政策与服务模式 [M]. 北京：社会科学文献出版社，2018:259.

② 课题组对重庆市合川学校的教师访谈.

③ 国务院办公厅印发《关于促进 3 岁以下婴幼儿照护服务发展的指导意见》.
http://www.gov.cn/xinwen/2019-05/09/content_5390023.htm.

定相对不足，缺乏针对困境儿童家庭支持服务项目，如家庭康复指导、乡村困境儿童心理咨询指导、乡村困境儿童日常看护指导等方面的政策规定；另一方面，残疾儿童家庭因承担繁重的抚养、照料责任而无法从事生产劳动，导致乡村困境儿童家庭更加的贫困，部分乡村困境儿童家庭因经济问题被迫停止了对孩子的治疗，因此，应进一步加大对乡村困境儿童的家庭资助政策的规定。

2. 政策改进建议

（1）逐步建立乡村困境儿童家庭支持政策

从世界范围来看，一些发达国家通过直接和间接的家庭福利补贴、幼儿教育和健康管理等措施，为经济困难和因身体残疾陷入困境的儿童制定了家庭援助的支持政策，构建乡村困境儿童家庭支持系统，改善育儿休假制度，提高家庭对婴儿的照顾能力、平衡工作和家庭的能力。适当加强家庭干预，防止家庭内发生虐待儿童现象。首先，政府可以制定政策，通过社区、社会组织的介入，逐步开展家庭服务以减轻家庭监护压力。如日本目前已经在所有的都道府县建立起儿童家庭支援中心、儿童咨询所、社区儿童养育中心等，通过了解并及时掌握儿童及其所在的家庭结构及其具体情况，制订相应的儿童援助计划。[1]同时，为家庭提供有关儿童在成长过程中所涉及的育儿、就学、兄弟姐妹等各种问题咨询答复。对于一些有着特殊需求的残疾儿童，当其家庭照料者生病或者有特殊情况时，提供接送以及护理儿童的紧急服务以及考虑监护人工作时间的安排，服务扩展到儿童放学后的看护和照料服务。其次，改善乡村困境家庭儿童的早期家庭教育环境。如我国台湾地区自1945年起至今，不断推出相应的家庭教育计划，至2003年成功颁布《家庭教育法》，推

---

[1] 易谨. 我国台湾地区与日本儿童福利法律制度的特色与启发 [J]. 青年探索，2012(2):21-26.

出一系列具有针对性的不同类型的家庭计划。[①]通过政策的保障消除儿童的家庭陷入困境因素。

（2）强化社会组织参与乡村困境儿童教育支持的政策规定

社会组织通过引入专业的社会工作方法，为乡村困境儿童提供专业的社会心理支持和特殊的社会参与服务，弥补了仅仅依靠政府为乡村困境儿童群体提供保障的不足，是不可缺少的重要社会力量。为了充分发挥社会组织服务功能，政府应建立行之有效的社会组织评估政策，规范社会组织的运营，增加社会服务的购买力度，积极承担公共服务的责任，推动社会组织的健康发展，使其为乡村困境儿童提供更好的帮助与服务。同时，应对社会工作者的专业资格和认证标准在政策中加以明确，提升社会工作者的个人品质、专业技能水平和专业能力水平。如在美国，所有的社会工作者均要求具有本科以上学历，并且必须在职业资格认定的基础上，每年完成一定的持续性教育课程的学时培训。

（3）健全政府主导、多部门联动的乡村困境儿童保障制度

乡村困境儿童教育支持工作是一项系统性的工程，需要通过政策引导，建构"政府主导、民政牵头、部门协调、社会参与"的乡村困境儿童社会保障的多部门联动服务体系。如台湾地区建立了包括社会福利、医疗、司法、教育、警察、健康、自发性服务、民事及其他单位组成的儿童保护网络。政策措施应将教育、司法、卫生、财政等部门纳入到困境儿童以及乡村困境儿童政策保护体系中，并通过定期召开工作会议加强各部门之间的联系，进一步明确各部门在乡村困境儿童保护工作中的职责。政府应确保每一个部门之间的协调，并努力在负责乡村困境儿童工作的各个部门之间形成向心力，共同构建完整的多部门联动的乡村困

---

①罗爽.中国台湾地区家庭教育指导服务体系及其启示 [J].首都师范大学学报（社会科学版），2015(3):128-135.

境儿童保障制度。例如，卫生系统应负责为乡村困境儿童提供康复服务；法律系统应负责为乡村困境儿童提供必要的法律援助；教育系统应确保实施乡村贫困家庭的学生补助政策，确立乡村残疾儿童入学的"绿色通道"等。

（二）乡村困境儿童教育支持政策客体

乡村困境儿童教育支持的客体，是明确乡村困境儿童教育支持实施对象的分类。对困境儿童进行明确、具体的划分有利于发现乡村困境儿童形成的原因，了解乡村困境儿童的类型特点，有针对性地开展乡村困境儿童教育支持工作，也是目前我国推进乡村教育精准扶贫的关键。根据上面提出的乡村困境儿童教育支持政策客体的分析标准，乡村困境儿童教育支持政策中的教育支持客体，应包括生理性困境儿童、社会性困境儿童以及生理性、社会性双重乡村困境儿童。

1. 现状与问题

（1）乡村困境儿童教育支持政策客体的范围不断扩大

长期以来，我国乡村困境儿童教育支持政策属于补缺模式，关注弃婴、孤儿、流浪儿童群体以及残疾儿童。[①] 随着我国福利水平的提高，困境儿童保障范围也不断扩大。乡村困境儿童教育支持客体从弃婴、孤儿、贫困儿童、流浪儿童，扩大到事实无人抚养儿童、残障儿童、被虐待儿童等，反映出乡村困境儿童教育支持的受众群体在不断扩大，乡村困境儿童政策从补缺型向"适度普惠型"转变。

2001 年国务院印发《中国儿童发展纲要（2001—2010 年）》，提出保护处于困境中的儿童，提高残疾儿童康复率，改善孤儿、弃婴的供养、教育、医疗康复状况。基本达到每个地级市都具有养护、医疗康复、教育能力的儿童福利院；逐步完善保护儿童的法律法规体系，依法保障儿

[①] 乔东平，廉婷婷，苏林伟. 中国儿童福利政策新发展与新时代政策思考——基于 2010 年以来的政策文献研究 [J]. 社会工作与管理，2019(3):78-88.

童权益；优化儿童成长环境，使困境儿童受到特殊保护；加强流浪儿童救助和教育。2011年国务院下发《中国儿童发展纲要(2011—2020年)》，提出"扩大儿童福利范围，建立和完善适度普惠的儿童福利体系"。2013年国务院下发《国家贫困地区儿童发展规划(2014—2020)》，关注贫困地区儿童教育和健康等问题。2015年中共中央、国务院印发《关于打赢脱贫攻坚战的决定》提出要加强对未成年人的监护，健全孤儿、事实无人抚养儿童、低收入家庭、重病重残等困境儿童的福利保障体系；健全发现报告、应急处置、帮扶干预机制，帮助特殊贫困家庭解决实际困难。持续推动对困境儿童的教育支持，以保护其权益。民政部于2013年、2014年先后开展"适度普惠型儿童福利"制度建设的试点工作，明确以困境儿童作为重点保障对象，促使困境儿童得到分类和细化，将由于父母死亡、弃养、服刑、重残造成的事实无人抚养儿童，纳入孤儿范围。[1]2019年7月，民政部、最高人民法院、最高人民检察院、教育部、公安部、财政部等12部门联合印发《关于进一步加强事实无人抚养儿童保障工作的意见》，提出除了父母重病、重残等情形之外，将服刑在押、强制隔离戒毒、被执行其他限制人身自由措施人员的子女纳入保障范围。并将事实无人抚养儿童参照孤儿纳入教育资助的范围，享受相应的政策待遇，优先纳入国家资助政策体系和教育帮扶体系。落实助学金、减免学费的政策，将义务教育阶段的事实无人抚养儿童列为享受免住宿费的优先对象。[2]我国部分地方性的文件中如云南省楚雄州[3]、吉林省四平市[4]和宁

---

① 中华人民共和国民政部.民政部长："事实"孤儿将纳入国家保障.2017-9-10，http://www.mca.gov.cn/article/mxht/mtgz/201312/20131200569621.shtml.
② 中国政府网.12部门联合印发《关于进一步加强事实无人抚养儿童保障工作的意见》. http://www.gov.cn/xinwen/2019-07/10/content_5407970.htm.
③ 云南省楚雄州人民政府办公室关于进一步做好控辍保学提高义务教育巩固水平的实施方案.http://www.moe.gov.cn/jyb_xwfb/xw_zt/moe_357/jyzt_2016nztzl/ztzl_xyncs/ztzl_xy_dfjz/201808/t20180816_345452.html.
④ 吉林省四平市关于进一步加强控辍保学工作提高义务教育巩固水平的实施方案. http://edu.siping.gov.cn/djzc/202009/t20200921_525975.html.

夏泾源县 ① 等对服刑人员子女接受教育做出说明，填补了强制隔离戒毒人员子女等事实无人抚养儿童教育支持政策的空白，体现了国家救助和保障困境儿童的范围不断扩大。（见表5）

表 5：综合性困境儿童政策中的乡村困境儿童类型

发布时间	部门	政策名称	乡村困境儿童类型
2010.5	国务院	《国家中长期教育改革和发展规划纲要(2010—2020 年)》	贫困地区儿童、残疾儿童、家庭经济困难儿童
2012.5	教育部	《国家教育事业发展第十二个五年规划》	残疾儿童、农村家庭经济困难儿童
2015.10	教育部	《关于加强家庭教育工作的指导意见》	流动儿童、留守儿童、残疾儿童和贫困儿童
2016.11	全国妇联、教育部、民政部、文化部、中国科协、中央文明办、国家卫生和计划生育委员会、国家新闻出版广电总局、中国关心下一代工作委员会	关于印发《关于指导推进家庭教育的五年规划（2016—2020 年）》的通知	留守儿童、流动儿童、贫困儿童、重病儿童、重残儿童等特殊困境儿童
2016.6	国务院	《关于加强困境儿童保障工作的意见》	因家庭贫困导致生活、就医、就学等困难的儿童，因自身残疾导致康复、照料、护理和社会融入等困难的儿童，以及因家庭监护缺失或监护不当遭受虐待、遗弃、意外伤害、不法侵害等导致人身安全受到威胁或侵害的儿童
2017.1	国务院	《国家教育事业发展"十三五"规划》	残疾儿童、家庭经济困难儿童

① 宁夏回族自治区泾源县，宁夏回族自治区泾源县中小学控辍保学管理办法.http://www.moe.gov.cn/jyb_xwfb/xw_zt/moe_357/jyzt_2016nztzl/ztzl_xyncs/ztzl_xy_dfjz/201808/t20180816_345447.html.

（2）乡村困境儿童教育支持政策客体的分类更加精准

2013 年，党的十八届三中全会通过的《中共中央关于全面深化改革若干重大问题的决定》提出"健全困境儿童分类保障制度"。2013 年 6 月，民政部印发《关于开展适度普惠型儿童福利制度建设试点工作的通知》，强调儿童福利制度要"适度普惠、分层次、分类型、分标准、分区域"，并在不同经济发展水平的 4 个县市试点实践。将儿童群体分为孤儿、困境儿童、困境家庭儿童、普通儿童四个层次。孤儿分社会散居孤儿和福利机构养育孤儿两类；困境儿童分残疾儿童、重病儿童和流浪儿童三类；困境家庭儿童分父母重度残疾或重病的儿童、父母长期服刑在押或强制戒毒的儿童、父母一方死亡另一方因其他情况无法履行抚养义务和监护职责儿童、贫困家庭儿童四类。①

2016 年，国务院印发《关于加强困境儿童保障工作的意见》，将困境儿童定义为包括因家庭贫困导致生活、就医、就学等困难的儿童，因自身残疾导致康复、照料、护理和社会融入等困难的儿童，以及因家庭监护缺失或监护不当遭受虐待、遗弃、意外伤害、不法侵害等，导致人身安全受到威胁或侵害的儿童。2016 年中共中央、国务院印发《关于落实发展新理念加快农业现代化实现全面小康目标的若干意见》，指出要建立健全农村困境儿童福利保障和未成年人社会保护制度。2016 年国务院印发《关于印发"十三五"国家信息化规划的通知》，提出构建面向特殊人群的信息服务体系。针对孤寡老人、留守儿童、困境儿童、残障人士、流动人口、受灾人员、失独家庭等特殊人群的实际需求，整合利用网络设施、移动终端、信息内容、系统平台、公共服务等，积极发展网络公益，统筹构建国家特殊人群信息服务体系，提供精准优质高效的

---

① 民政部.关于开展适度普惠型儿童福利制度建设试点工作的通知 (2013-06-26).2018-10-23，http://www.mca.gov.cn/article/xw/tzgg/201306/20130615478862.shtml.

公共服务。这一系列政策的制定体现出政策规定对乡村困境儿童内涵及类型的理解和认定逐渐深化和精准。

（3）乡村困境儿童教育支持政策客体的认定标准还需进一步细化

2016年，国务院下发《关于加强困境儿童保障工作的意见》，对于完善困境儿童分类保障起到决定性作用。但此项政策对于困境儿童的界定条件，相对原则缺乏具体标准细化，操作性不强，导致部分事实上已经陷入困境的乡村儿童，由于在政策规定中没有被纳入困境儿童的范畴中，未能得到及时救助和保护。比如医院内滞留的新生儿便属于这一类的困境儿童。如在广东省东莞市数家医院相继出现弃婴事件，由于这部分儿童没有被纳入孤儿或者弃婴的范畴，根据《中华人民共和国收养法》，东莞市民政局认为，医院擅自收养弃婴得不到民政部门的任何资助，使得这部分困境儿童不能得到相应的生存保障；如在2016年国务院《关于加强困境儿童保障工作的意见》中，从家庭贫困、自身残疾以及家庭监护缺失三个层面对困境儿童进行分类，将困境儿童分为因家庭贫困导致生活、就医、就学等困难的儿童，因自身残疾导致康复、照料、护理和社会融入等困难的儿童，以及因家庭监护缺失或监护不当遭受虐待、遗弃、意外伤害、不法侵害等导致人身安全受到威胁或侵害的儿童[1]。但此政策对困境儿童划分标准和类型界定还需进一步细化，遗漏了患有抑郁症、自闭症等心理疾病的困境儿童，此类患病儿童数量不断增加，治愈难度大，治愈费用高，给无数家庭造成难以估量的经济负担和精神压力。这类患病儿童因不在政策救助困境儿童范围内，其家庭因不堪重负转向社会民间救助的事件屡屡发生；如政策中规定"因自身残疾导致康复、照料、护理和社会融入等困难的儿童"，这样的划分标准相对粗糙，没有细化

---

[1] 中华人民共和国政府网 . 关于加强困境儿童保障工作的意见 . http://www.mca.gov.cn/article/xw/dfdt/201908/20190800019117.shtml.

到残疾等级及其相应的保障程度，使得在操作中无法判断什么样的残疾儿童属于"因残疾导致就学困难"的困境儿童。也就是说，无法界定儿童残疾达到何种级别才能认定为困境儿童，使得有些未成年子女及其监护人双方均患残疾，但因为残疾级别尚未达到重残而无法认定为困境儿童。

2. 改进建议

（1）进一步细化乡村困境儿童认定标准

2016年《国务院关于加强困境儿童保障工作的意见》出台，对于完善困境儿童分类保障起到了很大的促进作用。但关于困境儿童的界定比较原则，缺乏具体细化标准，实践中操作性不强，导致部分事实上已经陷入困境的乡村儿童未能得到及时救助和帮扶。针对这种情况，政府在制定困境儿童政策时应细化困境儿童认定标准，如对于残疾儿童达到何种残疾程度才能纳入困境儿童的支持和保障范围，如何依据不同的残疾程度接受何种程度的保护和保障等；对于监护人及未成年子女均患残疾，但因为残疾级别尚未达到重残，却未能纳入困境儿童范畴的儿童，政策应予以明确具体的规定；又如，面临刑事处罚的犯罪人员，由于是未成年子女的唯一监护人，法院判决后，由于这类人员尚未送交执行机关，仍与其未成年子女一起生活，一些地方的执行机关难以采取限制人身自由的强制措施，无法收监执行。客观上其未成年子女已经属于事实无人抚养儿童，但政策对于这类儿童没有确立是否可以纳入困境儿童范畴的标准，现实中这类儿童因难以纳入困境儿童范畴而陷入生存保障困境。因此，政策制定应将这类儿童与已经服刑人员子女加以区分。如1974年美国联邦政府通过《儿童虐待防止与处理法》，规定国家承担预防、辨识和处理儿童忽视及儿童虐待的责任。[①] 此后，陆续通过了《儿童虐待预防和处理法》《收养暨儿童福利法》《儿童虐待和疏忽报告法》《儿童

---

① 李莹. 美国儿童忽视概念界定研究与实践 [J]. 中华女子学院学报，2017(1):124-128.

虐待预防及执行法》等一系列法案，界定了美国儿童保护工作的对象、任务，赋予机构介入家庭实施干预措施的权力。同时，界定了儿童虐待（身体虐待、心理伤害、性虐待）和疏忽的标准定义，设立了防虐待和防疏忽的调查和通报制度，以及儿童保护工作机构。从政策上对无力承担监护责任的父母予以支持和帮助，对于事实无人抚养的困境儿童，应参照孤儿保障标准享受补贴将其纳入孤儿教育资助范围；对拒绝履行抚养义务的监护人，相关部门可根据法律向其追索抚养费；鼓励政府购买社会服务，引进专业社会组织、社工机构提供心理咨询、社会工作专业服务，让事实无人抚养儿童得到更多的"家庭"呵护与温暖。

（2）实施乡村困境儿童分类保障政策

首先，将困境儿童的年龄界定为18周岁以下，进一步扩大乡村困境儿童保障范围。基于国际《儿童权利公约》于1992年4月1日开始在中国正式生效，我国对于困境儿童年龄的界定应与国际《儿童权利公约》界定的儿童年龄"是指18岁以下的任何人"相衔接。目前山东省、河南省、江苏省、江西省、湖南省、四川省、北京市、天津市等省市已将困境儿童的年龄界定在18周岁以下，这既符合"适度普惠型儿童福利"政策要求，也适应与国际接轨的需要。2013年，我国正式开始实施"适度普惠型儿童福利政策"，将困境儿童的范围进一步扩展，重病儿童、事实无人抚养儿童、农村留守儿童等都被纳入进来。随着适度普惠型儿童福利制度的进一步实施，建议我国应将18周岁以下的"心理障碍儿童""学习困难儿童""社会适应困难儿童"等，纳入乡村困境儿童的范围。

其次，建立以儿童权利为基础的乡村困境儿童分类保障政策。生活保障与权益保障相融合，将乡村困境儿童的权利由生存权、保障权进一步发展为生存权、保障权与发展权并存的广义儿童权利观，将如学业困难、人际交往困难、隐私权受到侵害等纳入到困境表现的范围里，将乡村困境儿童的困境表现范围进一步扩大。将导致困境的原因包含了家庭和儿童个体以及社会、司法、学校等方面的综合考虑，实现乡村困境儿童由家庭保护、学校保护、社会保护和司法保护四个层面的保障，将由于社会保障水平低、儿童保护理念差、户籍政策的限制、隐私权、财产权的侵害、校园虐待、同学欺凌等原因导致乡村困境儿童陷入困境纳入政策分类保障范围。

再次，实现以儿童权利为基础，由救助、矫治、扶助等恢复性功能向维护权利、教育支持等发展性功能转化，实现乡村困境儿童分类保障政策内容涵盖生存、保障和发展的三个层级，以达到通过政策输出改善乡村困境儿童不利环境和条件的政策目的，实现乡村困境儿童分类保障的内容分类。随着困境儿童界定的范畴由"小众"走向"大众"，"一方面要实现乡村困境儿童的生存性福利，即为满足乡村困境儿童的基本生存需要（如营养、健康、生活等）提供明确的儿童福利制度保障；另一方面要发展儿童保护性福利，即为满足乡村困境儿童的受保护需要，制定一系列关于家庭保护、学校保护、国家保护以及司法保护等儿童福利制度。此外还要拓展乡村困境儿童的发展性福利，即为满足儿童的发展需要（如心理健康、文化教育、精神娱乐、劳动就业、社会参与等）制度安排"①。因此，对乡村困境儿童的保障不仅仅停留在收养救济的层面上，教育的介入不容忽视，对于帮助乡村困境儿童融入主流社会，消除对乡村困境儿童的社会排斥和隔离，促进其人格的完善和参与社会能力的提高具有十分重要的意义。

（三）乡村困境儿童教育支持政策内容

乡村困境儿童教育支持的内容，遵循补偿性的社会救助向发展性的教育支持转变原则，以"进得来、留得住、学得好"为宗旨，建构以"生

①徐建中.中国未来儿童福利体系展望[J].社会福利，2015(2):13.

存、保障、发展"为目的的教育安置体系。① 根据上面提出的乡村困境儿童教育支持政策内容的分析标准，乡村困境儿童教育支持政策中的教育支持内容，应包括乡村困境儿童生存保障层面的乡村困境儿童监护政策、乡村困境儿童救护政策、乡村困境儿童医疗康复政策等，以及乡村困境儿童发展层面的融合教育政策、随班就读政策、送教上门政策以及职业技能培训政策等。

1. 现状与问题

（1）建立了乡村困境儿童监护政策

2012年10月修订的《中华人民共和国未成年人保护法》规定了困境儿童的委托监护制度、临时监护制度和国家监护制度。2015年12月修订的《中华人民共和国反家庭暴力法》规定了对因监护不当而遭受暴力的困境儿童的强制报告制度、监护监督人资格认定制度以及撤销监护人资格制度。2016年2月国务院印发《关于加强农村留守儿童关爱保护工作的意见》提出了我国农村留守儿童的监护问题的指导性意见，对强制报告、监护干预做了原则性规定。要求强化留守儿童的家庭监护责任，同时针对监护人因客观原因无法履行监护职责的则由行政部门实施委托监护。强调政府部门和群众对监护人的监护进行有效监督，对解决农村留守儿童的监护问题做出了指导性的建议。② 2016年6月国务院印发《关于加强困境儿童保障工作的意见》明确，困境儿童包括家庭监护缺失或监护不当的儿童；对于孤儿类的困境儿童，采取多种方式落实监护；对临时监护、国家监护以及委托监护也提出了指导意见。③ 2017年修订的

---

① 邓旭，徐镝. 困境儿童教育精准支持：主体、客体、方法、内容 [J]. 教育理论与实践，2018(10):18-22.

② 中国政府网. 关于加强农村留守儿童关爱保护工作的意见. http//www.gov.cn/xinwen/201602/14/content_5041100.htm.

③ 中国政府网. 关于加强困境儿童保障工作的意见. http://www.gov.cn/xinwen/2016-06/16/content_5082862.htm.

《中华人民共和国民法总则》规定，村（居）民委员会、有关组织或民政部门的临时监护职责，细化了监护人资格撤销制度，确立了困境儿童的国家监护制度。[①] 除此之外，一些地方政府也在困境儿童监护方面进行了有益探索。上海市颁发《关于加强本市困境儿童保障工作的实施意见》提出建立困境儿童护送转接机制；河南省颁发《关于加强困境儿童保障工作的实施意见》规定对儿童因监护不当所受侵害行为的举报机制。可以看出，我国在乡村困境儿童监护方面，已经初步确立了国家性的乡村困境儿童监护政策体系，国家承担监护职责的对象群体涵盖了流浪儿童、父母一方或双方不能履行监护权的儿童、因监护不当遭受忽视和虐待的儿童以及孤儿群体等。监护的内容首先是对督促监护人履行监护责任，避免产生监护不力的行为；其次是对监护缺失的家庭如留守儿童，推行国家层面的临时监护，并帮助使其逐步恢复监护功能；再次是由国家直接代替监护人行使监护权，比如通过民政部门承担监护困境儿童的责任。监护的方式为临时监护及长久性的监护。[②] 这表明监护制度作为我国乡村困境儿童生存保障政策体系上重要的内容之一，已经基本确立。

（2）丰富了乡村流浪儿童救助政策

1995 年印发的《中央社会治安综合治理委员会关于加强流动人口管理工作的意见》提出，设立流浪儿童保护教育中心。2003 年《城市生活无着落的流浪乞讨人员救助管理办法》颁布实施后，全国很多城市开始建立流浪儿童救助保护中心。2006 年民政部印发《流浪未成年人救助保护机构基本规范》，对我国公办流浪儿童救助保护机构的工作提出了要求。2009 年，民政部、公安部、财政部、住房和城乡建设部、卫生部五部门联合下发《关于进一步加强城市街头流浪乞讨人员救助管理和流浪未成

----

① 中国政府网 . 中华人民共和国民法总则 .http://www.npc.gov.cn/zgrdw/npc/lfzt/rlyw/node_32217.htm.

② 张阿香 . 困境儿童监护制度的缺失与完善 [D]. 黑龙江大学，2018:45.

年人解救保护工作的通知》①，针对利用未成年人流浪乞讨和组织未成年人违法犯罪现象，展开街头管理和打击解救工作。因此，这一阶段我国对流浪儿童的救助主要体现在通过建设流浪儿童救助保护中心给予临时救助。2010年以来，乡村流浪儿童问题获得更多政府关注与推动，出台的政策相比以往单纯强调乡村流浪儿童的临时救助与护送回乡，开始注意到乡村流浪儿童回家后再次出走及流浪的原因，并采取制度措施予以解决。2011年8月，国务院办公厅发布《关于加强和改进流浪未成年人救助保护工作的意见》，要求确保流浪未成年人得到及时救助保护、教育矫治、回归家庭和妥善安置，最大限度减少未成年人流浪现象，杜绝胁迫、诱骗、利用未成年人乞讨等违法犯罪行为。②2012年民政部印发《流浪未成年人需求和家庭监护情况评估规范的通知》，要求推动各地民政部门和救助保护机构树立"未成年人权益保护优先"的工作理念，注重从家庭源头解决问题，提高流浪未成年人救助保护和教育矫治成效。③2013年民政部印发《关于在全国开展"流浪孩子回校园"专项行动的通知》规定，在基本生活保障之外，开始关注流浪儿童的教育问题。2014年民政部印发《生活无着的流浪乞讨人员救助管理机构工作规程》，从流浪人员接待、生活服务、寻亲服务、医疗服务、离站服务、接送返回等方面进行了规范。2015年民政部印发《流浪乞讨人员机构托养工作指南》，在机构的工作标准、工作程序、硬件设施、服务效果等方面进行了规范。

各地方也根据本地区的实际情况，开展流浪儿童的保护和救助工作，并取得了一定的成效。郑州市救助管理站不断创新流浪少年儿童救助保

---

① 中国政府网.民政部等五部门关于进一步加强城市街头流浪乞讨人员救助管理和流浪未成年人解救保护工作的通知.http://zwgk.gd.gov.cn/006940175/201110/t20111026_290056.html.

② 中国政府网.关于加强和改进流浪未成年人救助保护工作的意见.http://www.gov.cn/zwgk/2011-08/18/content_1927798.htm.

③ 吴越富.明确工作流程提升服务水平——《流浪未成年人需求和家庭监护情况评估规范》解析[J].社会福利，2013(5):23.

护体系，创建了全天候救助中心，形成以职业技能培训、跟踪回访、建立救助小学为主要内容的流浪儿童救助的"郑州模式"①。河南全省开展流浪儿童专项行动，推动落实家庭监护、强制报告、控辍保学、户口登记等流浪儿童救助措施，帮助 1194 名失学辍学的流浪儿童返校复学。②可以看出，我国出台的流浪儿童救助政策开始由单纯地为流浪儿童提供临时性救助，向探索多种形式和措施的长期救助以及具体规定流浪儿童的安置方式转变。流浪儿童救助措施从单纯强调帮助流浪儿童回归家庭拓展至流浪儿童家庭寄养、文化教育、心理辅导、行为矫治、技能培训等保护性、发展性的服务。同时，国家政策层面更为关注流浪儿童家庭自身的问题，强调流浪儿童家庭监护的评估以及打击各种诱骗胁迫和利用儿童进行违法犯罪的行为，从关注流浪儿童事后解决转向从源头预防儿童流浪潜在流浪行为。

（3）发展了乡村困境儿童医疗康复政策

尊重、保护和实现残疾儿童的生命健康权，国家需要保障以残疾儿童为代表的困境儿童的基本医疗，建立康复救助制度，减轻家庭的经济负担和心理负担。③《中华人民共和国宪法》规定我国公民的基本生存权利。国务院下发《中国儿童发展纲要（2011—2020 年）》指出，享受医疗保障是未成年人的基本权利之一。北京市提出特别关注"贫困家庭重病残疾儿童"，在继续享受分类救助待遇基础上，按照事实无人抚养儿童生活费标准的 40% 为其叠加发放生活费；建立婴幼儿重大疾病和意外伤害保险制度。2016 年国家卫健委颁发《关于印发加强儿童医疗卫生服务改革与发展意见的通知》要求，增加儿童医务工作者的数量，提高医

① 赵川芳. 近年我国流浪儿童救助保护的演变、问题与对策 [J]. 青年探索，2017(6):27-32.
② 魏丽丽. 流浪儿童救助政策执行问题研究 [D]. 郑州大学，2018:69.
③ 李洪波. 实现中的权利：困境儿童社会保障政策研究 [J]. 求是学刊，2017(2):100-106.

疗团队的素质；针对儿童医疗保健资源总量相对不足，部分综合医院儿科发展受限、儿童保健人员不足的问题，提出发挥地方医药类高校及专科儿童医院的人才培养作用，探索补偿机制，促进儿童医疗事业发展。[①]基于医疗保障政策不能满足困境儿童对医疗康复和接受教育的双重需求，克服医院承担对困境儿童主要的医疗康复服务，教育机构和学校承担困境儿童主要的教育工作的弊端，随即出台了"医教结合"困境儿童康复政策。医教结合也是我国当前特殊教育发展的必然选择。[②]医教结合的综合康复模式已经成为实现残疾儿童接受特殊教育与康复护理双重保障，初步构成了医教结合的政策和实践模式。2009年11月教育部印发《关于在特殊教育学校建立"医教结合"实验基地的通知》提出，要设立"医教结合"实验基地。2014年9月教育部印发《关于组织申报国家特殊教育改革试验区的通知》提出，要推进医教结合实验。2017年1月教育部印发《国家教育事业发展"十三五"规划》提出，促进教育与康复相结合，注重残疾学生潜能开发和缺陷补偿。2017年7月教育部等七部委印发《第二期特殊教育提升计划（2017—2020年）》指出，要促进医教结合，建立多部门合作机制，加强专业人员的配备与合作，提高残疾学生评估鉴定、入学安置、教育教学、康复训练的有效性。我国很多地区相继开展了教育和医教结合实践探索。黑龙江哈尔滨市燎原学校开展的"培智学校拼音教学医教结合教学模式研究"；山东省开展的医教结合的试验学校项目；柳州市融安县开展为重度残疾儿童"医教结合"上门服务，为残疾儿童提供早期干预、康复训练等服务，确保贫困残疾儿童教育医疗有保障。

① 中华人民共和国国家卫生健康委员会网站.关于印发加强儿童医疗卫生服务改革与发展意见的通知. http://www.mohrss.gov.cn/SYrlzyhshbzb/shehuibaozhang/zcwj/yiliao/201606/ t20160601_241098.html.

② 丘卫红，李奎，黄焕杰等.综合教学方法应用于临床医学专业留学生康复医学教学初探 [J]. 中国康复，2017(4):347-349.

（4）完善了随班就读、送教上门政策

教育在社会和个体发展中具有阻断贫困代际传递的重要功能。将教育作为"授以渔"的直接尝试是贯彻新时期精准扶贫的最有效路径。[1] 乡村困境儿童通过教育与医疗、心理健康辅导等方式接受教育的过程也是在获取知识的同时，促进自身发展的过程，保障乡村困境儿童更好地融入社会。目前我国的乡村困境儿童教育支持政策经过不断发展，在全纳教育理念指导下，在融合教育思想的影响下，特殊教育政策、随班就读政策、送教上门政策的内容逐渐成熟，主要包括为重症残疾人提供送教上门政策，保障轻度残疾学生能够随班就读政策，为轻度或中度残疾儿童提供的特殊教育政策以及特殊教育学校职业教育政策等规定。

1986 年国务院颁布《关于实施义务教育法若干问题的意见》提到，特殊教育办学形式要灵活多样，除特设特殊教育学校外，还可在普通小学或初中附设特殊教学班。应该把那些虽有残疾，但不妨碍正常学习的儿童吸收到普通中小学上学。1988 年 11 月《全国特殊教育工作会议报告》指出，普通学校要招收特殊学生进行随班就读。由此，随班就读正式成为了特殊教育的安置形式之一。为了进一步规范各地随班就读工作的发展，出台了专门的法规促进随班就读的规范发展，1994 年国家教育委员会印发《关于开展残疾儿童少年随班就读工作的试行办法》提出，将随班就读作为发展和普及我国残疾儿童少年义务教育的一个主要办学形式[2]，并对随班就读提出了具体的规定。随班就读在特殊教育以及整个义务教育体系中的重要地位更加明确。2003 年 3 月教育部在《关于开展建立随班就读工作支持保障体系实验县（区）工作的通知》中指出，

---

[1] 谢治菊. 教育五层级阻断贫困代际传递：理论建构、中国实践与政策设计 [J]. 湖南师范大学教育科学学报，2009(12):1-12.

[2] 国家教育委员会关于开展残疾儿童少年随班就读工作的试行办法 [J]. 现代特殊教育，1994(5):8-9.

随班就读是要残疾儿童少年接受义务教育的主要形式，建立随班就读工作支持保障体系，使随班就读更加科学化、规范化、制度化，使广大符合条件的残疾儿童少年能够顺利地进入普通中小学，并能留得住，学得好。[①]2006 年修订并实施的《中华人民共和国义务教育法》及 2008 年修订并实施的《中华人民共和国残疾人保障法》都规定了普通学校接收具有接受普通教育能力的适龄残疾儿童随班就读，并对随班就读学生的学习和康复提供帮助[②]，为残疾儿童进入普通学校学习提供了法律保障。

2009 年随着融合教育以及国际一体化教育思想的深入影响，随班就读作为特殊教育主要安置形式的地位作用越来越明显，随班就读政策在各级各类教育中得到了更高程度的重视。随班就读政策开始强调由规模的扩大逐渐转向对质量提升的关注；随班就读政策实施的主要目标由最初的提升残疾儿童的入学率，以解决有特殊需要儿童的入学问题转向教育教学模式和管理模式的创新。一系列颁布的政策如 2009 年国务院转发教育部等部门《关于进一步加快特殊教育事业发展意见的通知》《国家中长期教育改革和发展规划纲要（2010—2020 年）》《国家人权行动计划（2012—2015 年）》以及 2013 年修订的《中华人民共和国残疾人教育条例》都相继提出，要积极推动残疾儿童以随班就读方式接受义务教育，做到合理配置教育资源，积极创造支持保障条件，制定合理有效的普通学校接收残疾学生随班就读的政策措施。2014 年 2 月，教育部、发展改革委、民政部、财政部、人力资源社会保障部、卫生计生委、中国残疾人联合会联合印发《特殊教育提升计划（2014—2016 年）》，对随班就读的规模、经费、师资、资源教室的建设等都提出了相应的规定与要求。2017 年，国务院印发《中华人民共和国残疾人教育条例》提出，要积极

---

① 中华人民共和国.教育部网站.关于开展建立随班就读工作支持保障体系实验县工作的通知.http://www.moe.gov.cn/srcsite/A06/s3331/200303/t20030310_82025.html.
② 吴亚东.我国残疾儿童受教育权保护的法理探析[D].西南政法大学，2016:23.

推进融合教育，鼓励优先采取普通教育方式，并对随班就读资源教室建设问题也提出了相应的规定。进一步提出要创新随班就读的课程及教学改革，创新随班就读的教育教学与管理模式。[①]在融合教育理念的引领下，我国已形成贯穿义务教育，并涵盖学前、高中及高等教育各个学段的特殊教育随班就读体系。已基本形成"以随班就读和特殊教育班为主体，以特殊教育学校为骨干"的发展格局。[②]

随班就读解决的是轻度残疾儿童接受义务教育的问题。对于重度残障无能力进入学校学习的儿童，送教上门是一项重要的举措。送教上门是针对不能到校就读、需要专人护理的适龄重度残疾儿童少年进行的教育教学方式。1994年，国务院颁布《中华人民共和国残疾人教育条例》指出，根据儿童残疾的情况由县级教育行政部门安排专门人员以家庭辅导的形式接受教育。2014年，教育部印发《特殊教育提升计划（2014—2016年）》提出：对不能到校就读、需要专人护理的适龄残疾儿童少年，采取送教进社区、进儿童福利院、进家庭的方式实施教育。以区、县为单位完善送教上门制度，为残疾学生提供规范、有效的送教制度。[③]2017年颁布的《中华人民共和国残疾人教育条例》（2017年修订）提出："对不能到校就读的适龄残疾儿童、少年，由县级教育部门统筹安排，通过提供送教上门或者远程送教等方式实施义务教育"[④]。2017年7月，教育部、发展改革委、民政部、财政部、人力资源社会保障部、卫生计生委、中国残疾人联合会印发的《第二期特殊教育提升计划（2017—2020年）》

---

① 中华人民共和国残疾人教育条例 .http://www.gov.cn/zhengce/content/2017-02/23/content_5170264.htm.

② 贾利帅 . 西班牙全纳教育改革与发展 [J]. 中国特殊教育，2019(2):9-16.

③ 国务院办公厅关于转发教育部等部门特殊教育提升计划 (2014—2016年) 的通知 .http://www.gov.cn/xxgk/pub/govpublic/mrlm/201401/t20140118_66612.html.

④ 中国政府网 . 中华人民共和国残疾人教育条例 .http://www.gov.cn/zhengce/content/2017-02/23/content_5170264.htm.

明确提出，以普通学校随班就读为主体、以特殊教育学校为骨干、以送教上门和远程教育为补充，全面推进融合教育。[①]为更好推进"送教上门"，教育部启动了特殊教育改革实验区建设。2015 年，云南省玉溪市被教育部确定为国家特殊教育改革实验区，实施送教上门质量提升工程，开展送教上门实验。仅 2017 年全市送教对象就享受到教育康复服务 10000 余课时，送教学生的认知、运动、生活自理、社会适应等能力得到了提高，生活质量有了明显改善，为更好地开展送教上门积累了可供借鉴的经验。[②]江苏镇江特教中心在为特殊儿童提供送教服务的过程中，探索出了"家庭、社区、回归特校"的多元送教模式。[③]浙江省慈溪市特殊教育学校充分发挥"互联网"时代教育信息化的优势，建设网络送教平台，通过灵活安排送教时间、开发个性化资源库、争取家长支持等方式，提高送教上门效率和质量。这些送教上门的实践模式为政府进一步完善送教上门的政策提供依据。

（5）明确了特殊教育学校职业教育政策体系

明确提出特殊教育学校职业教育的规定，积极发展特殊教育学校职业技术教育。1988 年，国务院下发《中国残疾人事业五年工作纲要》对我国发展特殊教育学校职业教育工作进行了全面部署，确立了我国特殊教育学校职业教育的战略地位。1989 年 5 月，国务院下发《关于转发国家教委等部门关于发展特殊教育若干意见的通知》阐明各级政府部门在发展特殊教育学校职业教育中的责任和义务。1994 年，国务院下发的《中华人民共和国残疾人教育条例》规定，实施义务教育的残疾儿童、少年

---

① 第二期特殊教育提升计划 (2017—2020 年).http://www.tejiao.net/news/zhengce/2018-04-13/8493.html.

② 张国强.实施送教上门质量提升工程,实现从"送教"到"送好教"[J].现代特殊教育,2019(11):11-13.

③ 黄儒军,申仁洪,明兰,熊欢.特殊儿童送教上门服务的实践与反思 [J].现代特殊教育,2017(22):8-14.

特殊教育学校应当根据需要，在适当阶段对残疾学生进行劳动技能教育、职业教育和职业指导。[①]1996年，国务院下发《中国残疾人事业"九五"计划纲要》提出，加强特殊教育学校职业教育，开设职业初中、职业高中、中专并将其纳入职业教育体系。

2001年以来，残疾人职业技术教育政策更加注重残疾学生生存与发展技能、职业素质和就业能力的提升。2001年11月，教育部印发《关于"十五"期间进一步推进特殊教育改革和发展意见的通知》，提出特殊教育高中阶段教育"要坚持以职业教育为主"。2007年4月，教育部、中国残疾人联合会联合印发《残疾人中等职业学校设置标准（试行）》。2010年5月，国务院印发《国家中长期教育改革和发展规划纲要》把大力推进残疾人职业教育列为未来十年特殊教育事业改革与发展的任务之一。2014年，教育部、国家发展改革委、民政部、财政部、人力资源社会保障部、卫生计生委、中国残疾人联合会联合印发《特殊教育提升计划（2014—2016年）》，进一步强调，各级财政要安排一定比例的残疾人就业保障金，支持特殊教育学校开展劳动技能教育。[②]2017年，国务院印发《特殊教育提升计划（2017—2020年）》指出，依托现有特殊教育和职业教育资源，各省（区、市）集中力量至少办好一所面向本地区招生的盲人高中（部）、聋人高中（部）和残疾人中等职业学校。加强职业教育，支持校企合作，使完成义务教育且有意愿的残疾学生都能接受适宜的中等职业教育。2018年7月，教育部、国家发展改革委、财政部、中国残疾人联合会联合印发《关于加快发展残疾人职业教育的若干意见》提出，改进残疾人职业教育的办学条件、提高残疾人职业教育的质量、

----

① 中国政府网.中华人民共和国残疾人教育条例.http://www.gov.cn/zhengce/content/2017-02/23/content_5170264.htm.

② 中国政府网.国务院办公厅关于转发教育部等部门特殊教育提升计划(2014—2016年)的通知.http://www.gov.cn/xxgk/pub/govpublic/mrlm/201401/t20140118_66612.html.

加强残疾人的就业指导和援助等具体措施。通过政策的保障，我国不断加大投入、改善基础设施与办学条件，不仅残疾人初等、中等职业教育得到迅速发展，而且残疾人高等职业教育也形成了一定规模，逐步形成了服务需求、开放融合、纵向流动、双向沟通的残疾人终身职业教育体系。[①] 据统计，至 2018 年底，我国已建成残疾人中等职业学校（班）133个，在校生 19475 人，毕业生 4837 人，毕业生中 1199 人获得职业资格证书[②]。残疾人职业教育得到了一定程度的发展。

（6）乡村困境儿童保障内容不全面

我国先后颁布实施 3 部关于中国儿童发展规划纲要，国务院 1992 年2 月颁布实施的《九十年代中国儿童发展规划纲要》，是中国第一部以儿童为主体，按照儿童优先的原则，促进儿童发展的国家行动计划，提出了我国儿童生存、保护和发展的 10 个主要目标；《中国儿童发展纲要（2001—2010 年）》从儿童与健康、儿童与教育、儿童与法律保护、儿童与环境四个领域 24 项指标，提出 2001—2010 年的目标和策略措施；《中国儿童发展纲要（2011—2020 年）》提出包括健康、教育、福利、社会环境、法律保护五个部分在内的保障内容，旨在缩小城乡差距，提升儿童福利水平，促进儿童全面发展。从我国儿童发展规划三十年的发展脉络，"可以看出，我国在儿童工作这个领域已经逐渐有了框架，每十年有一个计划和总结。每一个纲要最终都进行动态监测，从 20 世纪 90 年代初期的主要关注儿童健康，到 21 世纪前十年开始关注儿童教育和法律保护，再到现在的 21 世纪第二个十年，逐渐关注儿童生存环境从而加强环保工作，大力发展文化产业净化儿童生活环境，以及普及法律知识促进儿童

---

① 李尚卫，沈有禄 . 我国特殊职业教育发展战略：回顾与展望 [J]. 中国职业技术教育，2019(16):37-43.

② 广州市残疾人联合会网 .2018 年残疾人事业发展统计公报 .http://www.gzdpf.org.cn/Article/cdpf/20982.html.

权利保护。受惠群体从城市到农村，从普通儿童到特殊儿童、困境儿童"①。在中国儿童福利发展的框架下，2016 年《国务院关于加强困境儿童保障工作的意见》对困境儿童这一群体的保障从保障基本生活、保障基本医疗、强化教育保障、落实监护责任、加强残疾儿童福利服务五个方面作了规定。我国困境儿童的保障范围由弃婴、孤儿向困境儿童拓展，保障内容由基本生活向教育、医疗、救护、康复、服务拓展。但是已有的困境儿童保障政策，从内容上还没有实现基于不同困境儿童群体已有的福利和服务的支持情况，政策针对性设计不足，没有按照不同困境儿童群体的不同需求和面临的不同问题，对困境儿童实施"内容分类"保障。同时已有政策保障内容多注重救助等恢复性功能而较少关注权利维护、教育支持等体现发展性功能的内容设计，过于强调政府的保护而忽视困境儿童社会融入的政策设计，导致困境儿童分类政策保障层级不高。

（7）乡村困境儿童教育支持条件保障政策不足

从送教上门政策来看，目前我国已有的关于送教上门的政策措施中，对为完成送教上门提供所需要的身体及心理康复训练等设备的规定仍比较缺乏，导致学校在购置引进送教上门相关设施时存在资金困难，无法提供或不能及时更新送教上门所需设备和资源。由于送教上门所需的教具、教材以及设施缺乏，不能保证每一名残疾学生都能得到相应的送教服务，同时，设备的缺乏也影响了家长对教师的信任和支持，送教上门质量有待提高。正如在对特殊教育学校校长访谈中提到："因为送教上门这种方式也是一个需要制度保障的工作。比如说我们老师出去，那么老师的用餐、交通的补助、工作的补助等等这些问题，以我们学校为例，

---

① 周佳. 处境不利儿童平等发展权利的社会保障研究 [M]. 北京：北京大学出版社，2016:36.

我们学校 32 个老师、100 多个学生，可以达到 1 : 3 的师生比。也就是说，我们学校的老师是满工作量的。老师们不需要用送教上门的形式去补充未完成的工作量。所以如果现在要给我们老师新增加工作的话，不管是从政策、制度、福利来说，还是应该要有所体现的。但是现在没有出来这个文件。提升计划当中谈到送教上门要给老师工作补助，但实际上我们现在不是这样子的"[①]。当谈及特殊教育教师职称评聘、职务晋升时，在访谈座谈时，很多老师提到："特殊教育学校教师评定职称、获得职业晋升的机会较为不足。原来教师评一级，也就是现在的中级、高级，全校每次评定也就给一到两个指标。而且特殊学校老师的评级，和普通学校老师的评级，是放在一起的，并没有单列出来。虽然特殊学校的老师付出的心血比普通学校老师要多得多，但是得到的回报还要少一些"[②]。

从随班就读政策来看，现行的政策对于执行随班就读政策的教师的认定标准、技能培训以及知识学习方面关注不够。对于教师从事残疾儿童教育、开展随班就读以及医教结合具备何种技能，以及从事特殊教育教师的资格如何认定，在目前的政策规定中仍有不足，导致从事特殊教育的教师专业化水平仍有待提高。

正如在对 C 市特殊教育学校访谈调查中校长提到的，"要提高学生的实践能力，最大的困难就是学校老师不具备医疗康复训练的相关知识和技能。目前学校的老师里面大部分都是从不同学校调转过来的，只有十几个年轻教师是特殊教育专业毕业的。但是就算是特殊教育专业毕业的，谈到医教结合也是这两年的事情，所以他们对学生实施康复训练的能力就比较差"[③]。

---

①2018 年 7 月对 C 市特殊教育学校校长关于特殊教育教师保障措施的访谈.
②③ 2018 年 7 月对 C 市特殊教育学校校长的访谈.

2. 改进建议

（1）完善乡村困境儿童监护制度

完善乡村困境儿童的监护制度，包括乡村困境儿童的家庭监护、政府监护、社会监护制度。对不同类型的乡村困境儿童如自身困境儿童、家庭困境儿童、社会性困境儿童等进行系统分类保障。完善我国乡村困境儿童的家庭监护制度；完善乡村困境儿童监护权撤销制度，明确乡村困境儿童监护权撤销的起诉主体；进一步探索监护权恢复制度；完善乡村困境儿童安置体系；完善乡村困境儿童委托监护制度等。修改《民法通则》第十六条，增补"丧失监护能力或被撤销监护资格的监护人，由民政部代表国家承担监护职责，通过收养、亲属抚养等方式帮助困境儿童重新进入家庭"，依法尽力减少因监护人失职、侵权及事实无人抚养等情况造成的监护真空、监护权转移困难的问题，以预防家庭中出现儿童虐待、暴力伤害现象，预防乡村困境儿童辍学、流浪、自杀和违法犯罪等，保证乡村困境儿童能够得到恰当的家庭照顾和有利于身心发展的成长环境。保护困境儿童免受父母或其他监护人的虐待或忽视，包括身体虐待、心理虐待、性侵犯、忽视（生活必需品匮乏、监护忽视、医疗忽视、教育忽视）、剥削儿童等。政府和社会有责任对遭遇或可能遭遇伤害或虐待的乡村儿童提供服务或干预，帮助他们健康成长。这类服务包括：家庭风险筛查服务，及时发现乡村困境儿童特别是受伤害的儿童；儿童保护热线服务，24小时接受有关困境儿童的报告；国家庇护服务，对受虐待和伤害或无人抚养的儿童提供临时庇护；受虐儿童心理辅导服务；受虐儿童医疗服务；法律服务，申请法院的保护令、剥夺父母监护权的诉讼；针对出现突发性或重大问题的乡村困境儿童及家庭提供深度个案辅导、治疗小组、危机干预等治疗性或保护性服务。这些服务可以避免乡村儿童在受到虐待、暴力和严重忽视等伤害时求助无门或求助无效，保护乡村儿童特别是乡村困境儿童的基本权利。

（2）建立乡村困境儿童事前预防政策

首先，针对侵害的事前预防机制不足的状况，政府在制定政策时应把完善预防乡村儿童侵害纳入政策议程中。借鉴发达国家的困境儿童发现报告制度，制定乡村困境儿童发现和强制报告制度，要求对受虐待儿童的家庭进行强制性调查，经过调查证实确实存在非法施暴的情况下制定相应的处罚措施。其次，在医疗保险制度设计上，儿童医疗保险附属于城镇居民医疗保险和新型农村合作医疗保险制度中。其不足之处在于没有将成年人和儿童健康需求的差异性以及儿童疾病的特殊性考虑进来，儿童和成人在保险模式、财政补助金、疾病的类型、偿还限度、支付方法等方面没有有效地进行区别，[①]导致儿童医疗保障制度强制性和稳定性较为不足。因此，城镇居民医疗保险应针对残疾儿童的家庭，为其提供一定的特殊照顾，比如增加指定的医疗机构、提高报销比例、扩展更多可供报销的疾病类型等。对于农村的残疾儿童家庭，在新型农村合作医疗体系中也要制定措施实施特殊照顾。

（3）完善特殊教育师资培养政策

目前，我国在政策中鼓励培养专业的特殊教育教师，如在国务院1994年印发的《残疾人教育条例》中指出特殊教师应热爱残疾人教育，具有社会主义道德精神并掌握残疾人教育的专业技能。[②]但在具体实践中对特殊教育专业的教育目标、课程、培养模式等内容关注不足，有特殊教育专业背景的教师数量较为缺乏。在国家政策层面，应当建立完善的特殊教育教师专业标准，制定严格的从教资格制度。可以借鉴发达国家以专业组织认证为导向的建设经验，根据我国特殊教育的发展水平，鼓励和吸引更多的机构参与教师资格标准的制定工作，以此来建立和完善多元化的特殊教育教师认定的资格标准。鼓励在师范类的高校中设置特

①陈静.美国儿童医疗保障政策研究 [D]. 华中科技大学博士学位论文，2018.
②郑晓坤.中国特殊教育师资培养研究（1978-2016）[D]. 东北师范大学博士学位论文，2017.

殊教育课程，吸引和鼓励优秀人才进入到特殊教育领域中工作，提高特殊从教人员的比例，将在职教师和上岗前的教师教学工作相融合，加强普通学校中随班就读、送教上门特殊教学知识的培训。强化政策激励措施，鼓励特殊学校教师以及随班就读教师的积极性。加大对特殊教师以及普通学校随班就读教师的政策倾斜力度，给予参与随班就读教师在职称评聘、职务晋升等方面的优先权，给予特殊学校的教师独立的职称评聘等晋升、考评、激励机制。

（四）乡村困境儿童教育支持政策方法

依据已建构的乡村困境儿童教育支持政策方法分析标准，乡村困境儿童教育支持政策内容的分析应该包括两个方面，一方面，乡村困境儿童教育支持政策中的支持方法是否精准；另一方面，分析乡村困境儿童教育支持政策规定是否具有可操作性。

1. 现状与问题

（1）实现了一人一档的乡村困境儿童信息库建设的政策规定

2005 年，国务院扶贫办印发《关于进一步加强贫困人口建档立卡和扶贫动态监测工作的通知》，标志贫困人口建档立卡工作正式启动。[①]2014 年 4 月，国务院扶贫办印发《扶贫开发建档立卡工作方案》，构建全国扶贫信息网络系统。[②]2016 年，国务院印发《关于加强困境儿童保障工作的意见》提出，建立面向城乡困境儿童包括强制报告、应急处置、评估帮扶、监护干预等在内的困境儿童安全保护机制。乡镇人民政府（街道办事处）负责民政工作的机构要建立翔实完备的困境儿童信息库，一人一档案，实行动态管理，为困境儿童保障工作提供信息支持。[③] 各地制

①国务院扶贫办网.国务院扶贫办在京召开贫困户建档立卡试点工作布置会.http://www.cpad.gov.cn/art/2006/7/12/art_27_22090.html.

②国务院扶贫办网.国务院扶贫办关于印发《扶贫开发建档立卡工作方案》的通知.http://www.cpad.gov.cn/art/2014/4/11/art_50_23761.html.

③中国政府网.关于加强困境儿童保障工作的意见.http://www.mca.gov.cn/article/xw/dfdt/201908/20190800019117.shtml.

定了相应的实施细则。如天津市印发《加强困境儿童保障工作的实施意见》要求，街道办事处（乡镇人民政府）要建立困境儿童信息库，实行一居（村）一册、一人一档，定期摸排，动态管理，依据困境儿童实际生活境况，及时动态变更福利待遇手续，依托"儿童之家"为困境儿童提供有利于儿童身心健康的服务支持。①江苏省颁布《新一轮扶贫开发建档立卡工作实施方案》，对建档立卡基础数据进行核对，全面完成建档立卡动态管理系统，低收入人口精准识别准确率大大提高。广西免除建档立卡贫困户家庭适龄儿童在幼儿园的保育费和教育费，免除建档立卡贫困户家庭普通高中在校生的学杂费，实现建档立卡贫困户子女就学15年免费教育。②江苏省财政厅、教育厅、扶贫工作领导小组办公室联合下发《关于对建档立卡家庭经济困难学生加强教育资助工作的意见》提出，从2016年秋季学期起，全面免除普通高校建档立卡家庭经济困难本科生的学费。

（2）实现了家庭经济困难乡村学生精准识别的政策规定

2017年，教育部印发《关于进一步加强和规范高校家庭经济困难学生认定工作的通知》，对高校贫困生的认定标准进行了界定，突出精准分配资金名额，明确重点受助学生。分配资金和名额，不能搞简单的划比例和"一刀切"。③同时要求各地、各高校要充分认识家庭经济困难学生认定工作的重要性，建立健全四级资助认定工作机制，各高校应采用大数据分析、个别访谈等方式，深入、直观地了解学生的家庭经济状况，及时发现那些困难但未受助、不困难却受助的学生，及时纠正认定结果存在的偏差。2018年，教育部等六部门联合印发《关于做好家庭经济困难学生认定工作的指导意见》明确家庭经济困难学生6项认定依据，综

---

① 中华人民共和国民政部网.天津建困境儿童信息库实行"一人一档.http://www.xinhuanet.com/2017-02/08/c_1120431912.htm.

② 新华网.广西：建档立卡贫困户子女享受15年免费教育政策[J].农村百事通，2016(23):14.

③ 中华人民共和国.教育部网站.教育部办公厅关于进一步加强和规范高校家庭经济困难学生认定工作的通知.http://www.moe.gov.cn/srcsite/A05/s7505/201701/t20170122_295524.html.

合考虑特殊群体因素、突发状况因素、学生消费因素等，每学期要结合实际进行动态调整。各地方出台经济困难学生认定工作的相关规定。如辽宁省出台《关于做好家庭经济困难学生认定工作的指导意见》要求，各市、县要建立联动机制，加强部门间的工作协同，进一步整合家庭经济困难学生数据资源，确保建档立卡贫困家庭学生、最低生活保障家庭学生、特困供养学生、孤儿学生、烈士子女等信息全部纳入家庭经济困难学生数据库。尚不具备信息系统对接条件的，由财政、民政、人力资源社会保障、扶贫、残联等部门，积极配合教育部门核查验证有关家庭经济困难学生信息，确保信息真实有效。[1] 随着高校贫困生资助政策体系的不断完善和发展，高校学生资助工作也取得了一定成绩。电子科技大学利用教育大数据研究所研发的"智慧助困系统"，通过智慧助困系统采集到 4 大类、40 余个小类的上千万条数据，通过大数据挖掘与分析，自动生成家庭经济困难学生建议名单，学期过程中动态调整，并智能匹配个性化的资助方案。[2]2017 年共资助全国普通高等学校学生 4275.69 万人次，资助资金 1050.74 亿元。[3]

（3）乡村困境儿童类型实施分类施教的政策规定

2007 年，教育部印发《培智学校义务教育课程设置实验方案》指出，学校应全面推进个别化教育，为每个智力残疾学生制订和实施个别化教育计划，满足不同学生的发展需求。教育部印发《特殊教育专业认证标准》中明确指出要在教育教学实践中，运用合适的评估工具和评估方法，综合评估学生的身心发展水平和特殊教育需要。依据所教学科的课程标准，针对特殊学生身心发展特点和个体差异，制定个别化教育计划和教

---

[1] 辽宁省人民政府 . 辽宁省多部门联合印发《关于做好家庭经济困难学生认定工作的指导意见》.http://www.mca.gov.cn/article/xw/dfdt/201907/20190700018309.shtml.

[2] 中华人民共和国 . 教育部网站 . 教育部再提贫困生精准认定政策，大数据助力高校智慧扶贫 . http://www.moe.gov.cn/dy.163.com/v2/article/detail/E47C0S4O05148QVU.html.

[3] 黄凤，罗洁 . 新时代我国高校贫困生资助政策体系优化研究 [J]. 中国轻工教育，2019(5):66-71+78.

学活动方案，运用学科教学知识和信息技术，进行教学设计、实施和评价，获得教学体验。[①]教育部印发《第二期特殊教育提升计划（2017—2020年）》指出，应推进差异教学和个别化教学提升教育教学的针对性。个别化教学遵循特殊学生身心特点、形成和发展规律，针对学生的不同能力、兴趣、习惯等情况，运用较灵活的方式，分别采取扩充或补救等教学措施，使教学适应学生学习的个别差异。在政策指导下各地区和学校也针对自身的不同情况开展个别化教学活动，取得了一定成绩，如石家庄市社会福利院特教班，针对每个儿童的个性发展特点开设特长课，如美术、舞蹈、陶艺等课程。针对手部精细动作较差的脑瘫儿童，教师有意识地选择合适的教具，如玻璃球、玉米粒、黄豆等，将康复训练融入其中，通过个别化教学最大限度地满足各类学生的教育需求。正如在访谈中有教师提到的，"通过个别化教学我才发现学生们这么富有想象力和表演力，看到他们的表演，我更多的是感动。让我感到最惊讶的是袁老师，她既当编剧又当导演，真的不错。我以前总感觉袁老师是个听障者，和我们这些老师之间是不一样的，现在才发现袁老师有些地方比我做的好多了，她充满着激情，勇于去尝试，真的挺不容易的。袁老师小时候接受过个别化训练，现在她各个方面发展的都很好，如果我们班的孩子们也能和袁老师一样这么有出息，能够融入正常人的生活，那该有多好。还有学前班背诗的那个女娃娃，看起来和普通孩子没什么差别嘛。看来接受个别化训练对学生的影响真的还是蛮大的"[②]。

（4）针对深度贫困地区的教育支持政策需要进一步完善

部分少数民族居住地区如"三区三州"等处于深度贫困地区。此类地区的少数民族的居民人数多、占比高，多以本民族语言进行交流沟通，

[①] 中华人民共和国教育部网站 . 教育教师工作司关于印发《职业技术师范教育专业认证标准》和《特殊教育专业认证标准》的通知 . http://www.moe.gov.cn/s78/A10/A10_gggs/A10_sjhj/201910/t20191030_405965.html.

[②] 对重庆特殊教育学校教师访谈 .

普通话普及不够，受地域限制，大多数困境儿童很难走出大山，受教育程度普遍不高，因家庭贫困导致的困境儿童较多。国家相继出台了贫困学生免学费政策、民族地区免费教育计划、"三区三州"等贫困地区职业教育发展支持等政策，特别是教育部、国务院扶贫办印发的《深度贫困地区教育脱贫攻坚实施方案（2018—2020年）》的通知，指出要深入实施《高中阶段教育普及攻坚计划（2017—2020年）》，把"三区三州"尚未普及高中阶段教育的地区作为攻坚的重中之重。教育基础薄弱县普通高中建设项目、普通高中改造计划、现代职业教育质量提升计划、职业教育产教融合工程等优先支持"三区三州"扩大教育资源，改善办学条件，保障建档立卡贫困家庭学生接受高中阶段教育的机会。旨在通过建设优质高中学校、推动消除高中阶段的"大班额"等措施普及"三区三州"地区高中教育。但由于深度贫困地区经济发展程度不高，教育基础较为薄弱，贫困文化在短时间内难以破除，高中阶段教育对贫困地区的吸引力较为不足，因此"三区三州"的高中教育不具备在短时间内实现跨越式发展的前提，短时间内迅速改善困难较大，会进一步形成新的高中教育资源的分布不均，高中阶段学校之间发展的不平衡。同时，为了增强贫困地区青壮年农民就业和创业能力，国务院于2007年开始在贫困地区实施"雨露计划"，"三区三州"政府部门也通过州区的劳动技能培训中心和职业学校，针对贫困地区农民开展创业培训和职业教育，以帮助其解决就业和创业实际困难。自"雨露计划"实施以来，其培训成效已经逐渐被贫困地区人们所认可，但由于"雨露计划"的培训内容多采取政府包办的方式，制定的措施缺乏对贫困人口培训需求关注，对劳动力市场敏感度不高，导致课程设置落后、教学内容和教学方法老套，造成"三区三州"培训人员组织难、贫困人口参加"雨露计划"积极性不高的问题仍然比较突出。

第五章

乡村困境儿童教育精准支持的对策建议

一、遵章循类：乡村困境儿童分类保障政策的推进思路[①]

精准保障是乡村困境儿童分类保障政策的现实期待。在我国儿童福利政策由"补缺型"迈向"适度普惠型"的进程中，呼唤乡村困境儿童分类保障解决乡村困境儿童之"困"。乡村困境儿童分类保障政策为困境儿童接受范围广泛、方法精准、内容全面的分类保障提供了可能。然而，审视现状，乡村困境儿童分类保障对象界定不清，导致政策对象有遗漏；乡村困境儿童分类保障标准陈旧，导致乡村困境儿童分类保障政策范围狭窄；乡村困境儿童分类保障内容不全面，导致乡村困境儿童分类保障政策层级不高，难以实现对乡村困境儿童的"精准帮扶"。应探寻"遵章循类"的乡村困境儿童分类保障政策，使乡村困境儿童分类保障政策推进"有章可遵""有类可循"。

（一）乡村困境儿童分类保障政策推进"有章可遵"

完善的政策体系，可以为乡村困境儿童分类保障政策的推进提供顶层设计蓝图和具体的"规定动作"，实现乡村困境儿童分类保障政策推进"有章可遵"。

1. 以乡村困境儿童分类保障实施精准帮扶

《国务院关于加强农村留守儿童关爱保护工作的意见》针对完善农村留守儿童关爱保护体系进行了系统设计。建立了村（居）民委员会、

---

①邓旭，马一先. 困境儿童分类保障政策的审视与推进 [C]. 中国教育法制评论 [A]. 北京：教育科学出版社，2020(12):165-175.

乡镇人民政府（街道办事处）、县级人民政府、群团组织、社会力量等农村困境儿童精准帮扶的多方联动机制。通过资源的统筹协调、组织引导、定期走访、全面排查、强制报告、应急处置、建立困境儿童"一人一档"信息库等措施和途径，及时掌握农村困境儿童的家庭情况、监护情况、就学情况等基本信息，及时发现困境儿童，有效处置侵害困境儿童合法权益的事件，确保每一个农村困境儿童得到救助保护。2013 年以来相继颁布的有关政策，提出健全困境儿童分类保障制度，本着"适度普惠、分层次、分类型、分标准、分区域"的理念，按照"分层推进、分类立标、分地立制、分标施保"的原则和要求，将儿童群体分为孤儿、困境儿童、困境家庭儿童、普通儿童四个层次，并进一步进行类型区分：将孤儿分为社会散居孤儿和福利机构养育孤儿两类，将困境儿童分为残疾儿童、重病儿童和流浪儿童三类，将困境家庭儿童分为父母重度残疾或重病的儿童、父母长期服刑或强制戒毒的儿童、父母一方死亡另一方因其他情况无法履行抚养义务和监护职责的儿童、贫困家庭的儿童四类。儿童福利政策的受众群体由孤残儿童扩大到弱势儿童再到如今的困境儿童，受众类型进一步细化，受众范围进一步扩大，受众数量增加，受众标准更加精准。

2. 以教育精准扶贫阻断贫困代际传递

教育扶贫是阻断贫困代际传递的重要途径之一。为实现 2020 年我国农村贫困人口全部脱贫，2015 年《中共中央国务院关于打赢脱贫攻坚战的决定》指出，"着力加强教育脱贫"是精准脱贫路径之一。2016 年，教育部等六部门颁发《教育脱贫攻坚"十三五"规划》，为教育赋予了"阻断贫困代际传递"的时代使命。近年来，我国实施了"学前教育三年行动计划"、城乡义务教育"两免一补"政策、贫困地区义务教育薄弱学校基础设施建设、农村义务教育学生营养改善计划、贫困地区定向招生专项计划、乡村教师支持计划、少数民族教育支援政策、覆盖从学前教育到研究生教育的学生资助政策。这些政策，既有面向贫困地区教育发展的宏观战略部署，也有具体配套的支持项目；既有面向建档立卡等家庭经济困难学生的重点资助政策，也有面向广大乡村教师的支持计划；既有专门的连片特困地区支援项目，也有面向民族地区的支援政策；既有用于改善基础设施条件的转移支付政策，也有用于提高学生身体素质的财政投入。一系列全覆盖的教育扶贫行动惠及贫困地区的每一所学校、每一位教师、每一名学生以及每一个建档立卡家庭。从我国教育扶贫政策历程的演变来看，教育扶贫领域逐步扩展，教育扶贫范围已经从普及九年义务教育和扫除农村青壮年文盲，逐步扩展到多层次、多阶段、多领域的完整的教育扶贫政策体系。

3. 以经济帮助应对家庭贫困

《中华人民共和国教育法》规定："国家、社会对符合入学条件、家庭经济困难的儿童、少年、青年，提供各种形式的资助。"《中华人民共和国义务教育法》规定："各级人民政府对家庭经济困难的适龄儿童、少年免费提供教科书并补助寄宿生生活费。"2010年11月印发的《国务院办公厅关于加强孤儿保障工作的意见》规定："家庭经济困难的学龄前孤儿到学前教育机构接受教育的，由当地政府予以资助。将义务教育阶段的孤儿寄宿生全面纳入生活补助范围。在普通高中、中等职业学校、高等职业学校和普通本科高校就读的孤儿，纳入国家资助政策体系优先予以资助；孤儿成年后仍在校就读的，继续享有相应政策。"2014年12月颁布的《国家贫困地区儿童发展规划（2014—2020年）》指出："逐步提高特殊教育学校公用经费标准，对残疾学生实行免学杂费、免费提供教科书、补助家庭经济困难寄宿生生活费等政策，进一步加大残疾学生资助力度。"2016年的《国务院关于加强困境儿童保障工作的意见》

提出："对于家庭经济困难儿童，要落实教育资助政策和义务教育阶段'两免一补'政策。对于残疾儿童，要建立随班就读支持保障体系，为其中家庭经济困难的提供困境儿童分类保障政策的审视与推进，包括义务教育、高中阶段教育在内的 12 年免费教育。"乡村困境儿童经济帮助政策体系的建立，确保了家庭贫困的乡村困境儿童接受学校教育"一个都不能少"。

4. 以教育安置体系帮助残障儿童

《国务院办公厅关于加强孤儿保障工作的意见》要求："落实孤儿教育保障政策。切实保障残疾孤儿受教育的权利，具备条件的残疾孤儿，在普通学校随班就读；不适合在普通学校就读的视力、听力、言语、智力等残疾孤儿，安排到特殊教育学校就读；不能到特殊教育学校就读的残疾孤儿，鼓励并扶持儿童福利机构设立特殊教育班或特殊教育学校，为其提供特殊教育。"《意见》明确提出对困境儿童坚持分类保障，根据儿童自身、家庭情况分类施策。残障儿童教育安置体系的建立，确保了残障儿童接受"进得来的""适合的"学校教育。

5. 以替代性监护补充家庭监护

《中华人民共和国义务教育法》规定："学校应当建立、健全安全制度和应急机制，对学生进行安全教育，加强管理，及时消除隐患，预防发生事故。"为及时救助保护处于监护缺失或监护不力等危险处境的农村留守儿童，有效遏制侵害农村留守儿童权益的事件，2016 年，《国务院关于加强农村留守儿童关爱保护工作的意见》，设计了强制报告、应急处置、评估帮扶、监护干预等环环相扣的救助保护机制，确定公安机关为受理主体，并鼓励其他公民、社会组织积极报告，公安机关接到报告后第一时间出警调查、有针对性地采取应急处置措施。乡镇人民政府（街道办事处）会同民政部门、公安机关对处于困境的农村留守儿童的情况进行调查评估，提供针对性帮扶。公安机关依法对虐待或遗弃农村留守儿童的父母或受委托监护人进行批评教育、治安处罚或立案侦查，有关单位可依法向人民法院申请撤销拒不履行监护职责或严重侵害农村留守儿童合法权益的监护人的监护资格。《意见》对落实困境儿童监护责任做出了具体详细的规定：对于失去父母、查找不到生父母的儿童，纳入孤儿安置渠道，采取亲属抚养、机构养育、家庭寄养和依法收养方式妥善安置；对于父母没有监护能力且无其他监护人的儿童，由民政部设立的儿童福利机构收留抚养；对于儿童生父母或养父母不履行监护责任的，由儿童福利机构、救助保护机构临时监护；对于父母是犯罪嫌疑人或服刑人员、强制隔离戒毒人员的缺少监护人的儿童，委托亲属、其他成年人或儿童福利机构、救助保护机构监护；对于依法收养儿童，民政部门要完善和强化监护人抚养监护能力评估制度。困境儿童替代性监护制度的建立，完善了包括家庭监护在内的全社会、全员、全方位的乡村困境儿童监护制度。

（二）乡村困境儿童分类保障政策推进"有类可循"

1. 明确界定乡村困境儿童年龄

鉴于《儿童权利公约》已于 1992 年 4 月在中国正式生效，我国对于儿童年龄的界定应与《儿童权利公约》相衔接，即儿童是指 18 周岁以下的任何人，将困境儿童的年龄界定由目前的 16 周岁扩大至 18 周岁。这既符合"适度普惠型"儿童福利政策转型的要求，也符合与国际接轨的趋势，并且我国部分地区如山东省、河南省、江苏省、江西省、湖南省、四川省、北京市、天津市等省市已有将儿童的年龄界定在 18 周岁以下的先例。儿童年龄界定的宽泛，可以将乡村困境儿童的范围进一步扩展，尽可能多地保障乡村儿童特别是乡村困境儿童的合法权益。我国已经将重病儿童、事实无人抚养儿童、农村留守儿童等纳入乡村困境儿童保障的范围。随着"适度普惠型"儿童福利政策的进一步实施，乡村困境儿童的范围应该会更加扩大。对于目前引起广泛关注的有心理障碍的儿童、学习困难的儿童、社会适应困难的儿童等，都可能会被纳入乡村困境儿童的范围。

2. 扩大乡村困境儿童权利

生活保障与权益保障相融合，将乡村困境儿童的权利由生存权、保障权进一步发展为生存权、保障权与发展权并存的广义儿童权利观。将乡村困境儿童的困境表现范围进一步扩大，如将学业困难、人际交往困难、隐私权受到侵害等纳入困境表现的范围，从家庭、儿童个体、社会、司法、学校等方面综合考虑导致困境的原因，实现乡村困境儿童的家庭保护、学校保护、社会保护和司法保护四个层面的保护，将由于社会保障水平低、儿童保护理念差、户籍政策的限制、隐私权、财产权的侵害、校园虐待、同学欺凌等原因导致乡村困境儿童陷入困境纳入政策分类保障范围。

3. 拓展乡村困境儿童保障内容

以由救助、矫治、扶助等恢复性功能向维护权利、教育支持等发展性功能转化，实现乡村困境儿童分类保障政策内容涵盖生存、保障和发展三个层级。一方面要实现乡村困境儿童的生存性福利，即满足乡村困境儿童的基本生存需要（如营养、健康、住房等）；另一方面要发展乡村困境儿童保护性福利，即制定一系列关于家庭保护、学校保护、社会保护以及司法保护的儿童福利制度。此外还要拓展乡村困境儿童的发展性福利，即满足乡村困境儿童的发展需要（如心理健康、文化教育、精神娱乐、劳动就业、社会参与等）。对乡村困境儿童的保障不应仅仅停留在收养救济层面，教育的介入不容忽视，针对不同类型的乡村困境儿童，建立"差异化""个体化"教育保障措施，通过"融合教育""随班就读""送教上门"等教育形式的完善和细化，实现乡村困境儿童"一户一建档""一校一对标""一生一方案"的教育精准保障。通过教育帮助乡村困境儿童融入主流社会，消除对乡村困境儿童的社会排斥和隔离，促进其人格的完善和社会参与能力的提高。

二、精准帮扶：乡村困境儿童学校教育精准支持的现实可能①

"十四五"期间，乡村困境儿童保障重心将由乡村困境儿童的生存保障，转向乡村困境儿童接受公平而有质量的教育权益的保障。学校教育是保障乡村困境儿童接受教育权益的重要手段之一。随着近年来我国儿童福利制度由传统的"补缺型"向关注困境儿童发展性福利保障的"适度普惠型"儿童福利制度转型，困境儿童的概念逐渐进入研究视野并出现在纲领性的政策文件中。对困境儿童的研究和政策关注也进一步扩大了乡村困境儿童的支持范围，增强了对乡村困境儿童精准辨别的力度，为各种不同境遇的乡村困境儿童提供分类施教、重心到人、精准对标的学校教育支持成为可能。通过乡村困境儿童教育精准帮扶实现教育脱贫，打通乡村困境儿童扶贫先扶智的"最后一公里"，能够实现乡村困境儿童接受学校教育支持由"标准的小众"走向"精准的大众"。但是现实中，乡村困境儿童学校教育精准支持却又遭遇多重困境，因此有必要在精准帮扶的学校教育工作思路下探寻更为有效的推进路径："一人一建档"，保障乡村困境儿童接受"进得来"的学校教育精准支持；"一校一对标"，实现乡村困境儿童接受"留得住"的学校教育精准支持；"一生一方案"，完成乡村困境儿童接受"教得好"的学校教育精准支持。

（一）"一户一建档"：实现"进得来"的乡村困境儿童学校教育精准支持

政府应充分利用数字资源，利用大数据系统构建"一人一档"的全覆盖、无遗漏的乡村困境儿童信息识别系统，形成乡村困境儿童发现机制。

---

① 邓旭，马一先. 困境儿童学校教育精准支持的审视与现实可能 [J]. 沈阳师范大学学报（社会科学版），2021(2):89-94.

国家明确提出了各级民政部门协调有关部门和社会力量，在县（市、区）、乡镇（街道）、村（居）三级建立健全乡村困境儿童的保障救助工作网络，对全国困境儿童特别是乡村困境儿童进行摸底排查、分类立档、重心到人、建档立卡，有利于针对不同类别的乡村困境儿童的现实情况提供个性化、针对性的保护与救助。确保一户一个乡村儿童家庭监测档案，使乡村困境儿童接受"进得来"的学校教育成为可能，保障乡村困境儿童接受义务教育"一个都不能少"。例如，中国社会福利基金会率先在广东试点村（居）建立了全覆盖儿童信息系统，基层儿童福利工作人员在信息录入和更新时，困境儿童及其家庭情况便自动筛查出来。在此基础上，区县教育行政部门会同卫生、民政、残联等部门，逐一做好适龄乡村困境儿童"全覆盖、零拒绝""一人一档"的调查登记、统计录入、建档造册等入学安置，确保乡村困境儿童入学和不失学。针对不同类型乡村困境儿童个体不同的情况和需求，提供学校教育的专业支持。通过义务教育适龄儿童的入学登记，全面掌握本县区适龄乡村困境儿童的数量。在本县域内的教育发展规划中，优先考虑困境儿童特别是乡村困境儿童的入学与就学问题：对于轻度残障适龄乡村困境儿童，优先安排就近入学，进入普通学校接受融合教育；对于不能接受普通教育的中度残障适龄乡村困境儿童，确保安排到就近的特殊教育学校入学就读；对于需专人护理、不能到校就读的重症适龄乡村困境儿童，教育行政部门和学校应提供有质量的送教上门服务；对于家庭经济困难而导致的困境儿童，应加大乡村困境儿童入学与就学经济资助力度。同时，在困境儿童教育支持的政策规定中，应明确所有入学与就学的困境儿童的学籍与其他所有儿童一样，一并纳入学籍管理系统，保障所有的乡村困境儿童接受义务教育和技能培训及生存能力培训，"使乡村困境儿童通过学校教育精准支持获得生活基本技能和劳动能力，获得融入社会的能力以及为未来发展所具有的可持续发展的消除贫困的能力"①。

（二）"一校一对标"：保障"留得住"的乡村困境儿童学校教育精准支持

"一校一对标"是教育行政部门和学校层面为乡村困境儿童完成"留得住"的学校教育所采取的措施，目的是确保乡村困境儿童接受的学校教育支持不会"半途而废"。教育行政部门和普通义务教育学校应端正教育观、把握质量关，在普通学校义务教育的标准化建构中，应充分考虑将是否接受困境儿童以及乡村困境儿童进入学校学习作为重要的指标之一。在普通学校义务教育标准化实施中，应充分考虑是否能够采取积极的教育教学措施，保证乡村困境儿童完成"留得住"的学校教育，以切实保障每一个乡村困境学生享有平等的受教育权。"针对贫困家庭儿童的精准帮扶，对学校的考核点应放在是否落实了国家关于义务教育免费的规定，对贫困家庭儿童的政府资助、助学奖金是否发放到位上。对于家庭经济困难的适龄困境儿童，特别是家庭经济困难的适龄残障困境儿童应提高补助水平，确保每一名家庭经济困难的适龄乡村困境儿童，以及适龄残疾乡村困境儿童都能'不失学'。针对监护缺失、监护不当和事实无人抚养乡村困境儿童的精准帮扶，对学校的考核点应放在义务教育学校对监护缺失、监护不利以及监护人侵害儿童生活状况的了解情况、调节情况和替代监护情况"②。针对残疾困境儿童、心理障碍困境儿童的教育精准支持，对学校的考核点，应放在"普教""特教"融合的机制是否健全，及特殊教育学校内涵建设是否完善上。学校应统筹规划区县内的特殊教育资源教室建设，配足配齐资源教师，大力推进医教结

---

①余秀兰.社会弱势群体的教育支持[M].北京：中国劳动社会保障出版社，2007:5-6.
②周佳.困境儿童学校精准帮扶的审视与推进[J].中国教育学刊，2018(11):70-73.

合的进程，补齐治疗与康复一体化的短板，建设家庭教育指导制度，以发展性评价为指导，摒弃以重业绩、重成绩、重特色为考核重点的结果性评价，强调对学校教育教学及学生发展实行"增值评价"。教育行政部门应积极创造条件，落实并逐步提高普通学校从事特殊教育教师的津贴及相关待遇；对于学校班级里有随班就读的学生和需要送教上门的学生，应按照特殊教育学校的标准，足额拨付困境学生的生均公用经费，为普通中小学校能够招收困境儿童创造条件。中小学校对困境儿童受教育情况应进行全员、全程管理，建立随班就读、送教上门常态化制度。学校应建立教师培训机制，特别是对班级中有困境儿童的教师进行专题培训，提高全校教职员工对困境儿童的关爱、照料及教育教学能力。特别是对于那些事实无人抚养的困境儿童、监护人丧失监护能力或不履行监护责任的困境儿童、疑似遭受家庭暴力或不法侵害的困境儿童，学校要督促班主任及教师第一时间履行强制报告义务。

（三）"一生一方案"：完成"学得好"的乡村困境儿童学校教育精准支持

"一生一方案"是在学校、教师及家长层面，为困境儿童完成"学得好"的学校教育所采取的措施。学校作为困境儿童学校教育活动的主要承担者，不仅对政府制定的教育标准负责，而且也要为教师与家庭提供资源支持，与困境学生家庭建立良好联系。教师作为困境儿童教育教学活动的主要实施者，不仅要完成学校布置的教学任务，也要与家长合作共同制定实施个别化教育方案。家长作为困境儿童教育教学活动的责任主体和重要参与者，应积极参与学校活动，发挥家庭教育的作用。因此，"一生一方案"是学校、教师、家长合作配合，为困境儿童提供个性化学校教育支持，实施个别化教学，形成"一对一"的以适应学生差异为前提、以学生接受能力为基础、以满足其个体发展需要为目的、以分层教学为依托、以分组教学为手段的困境儿童学校教育精准支持模式。学校应为困境儿童配备具有特殊教育基本素养和专业能力的资源教师，为困境儿童制定和使用个性教学计划，对有特殊需要的困境儿童提供一对一的教育咨询、辅导、服务与支持，按照困境儿童的特点与特殊需求适时调整教学形式、整合教学内容、降低教学难度、放慢教学节奏，开展送教上门的个性化课程开发，"以生为本设计送教内容和形式，引入功能性课程，以教导困境残疾儿童实际生活中重要且必备的活动与技能为教学目标，并考虑残疾儿童本身能力以及适应环境的独特需求设计课程"[1]。因此，加强特殊学校办学能力建设，使乡村困境儿童不仅能够接受优质的教育教学，而且还能够接受专业的康复治疗与康复训练，从而实现乡村困境残障儿童接受"教育"与"康复医学"有效结合的学校教育。

三、特色与定位：基于乡村振兴战略的乡村学校发展

（一）乡村教育定位：乡村教育本土化基础上的乡村教育现代化

当下乡村教育的教学形式多以课堂教学为主，教学内容多与城市没有差别。乡村教育的教学内容往往忽视了当地丰富多彩的乡土文化的传承价值，使乡村学生对本土的文化越来越陌生，以至于越来越难以适应乡村生产和生活，这类教学内容对于推动乡村经济社会的发展收效甚微，越来越多的乡村儿童读书的信念就是"走出去"而非建设与传承家乡，这也导致了乡村振兴困难，农村人口继续大量外流，且最终没有能走出去的孩子乡村生活的能力较弱。当下的乡村教育"向城"性严重，甚至脱离乡村社会实际，在为城市输送少量乡村优秀学生的同时，也"制造"了大量既不热爱乡村，又无实际技能的"教育性边缘群体"[2]。

---

① 桑俊杰．送教上门的实践探索问题研究综述 [J]．课程教育研究，2017(8):9-10.
② 余应鸿．乡村教育发展的内生机制研究 [J].西南大学学报（社会科学版),2020(2):107-114+193.

如何避免乡村教育对城市教育的简单复制？如何克服乡村教育过度关注知识传授、考试成绩和升学率的提高？如何在美丽乡村建设中建设美丽乡村学校？对这些关系到乡村教育发展问题的追问，应回归到对乡村教育的定位。乡村教育定位与发展不是单纯追求教育现代化，不能脱离教育本土化，是基于乡村教育本土化基础上的乡村教育现代化，是教育现代化建设与教育本土化彰显的双轨道。离开本土化，乡村教育现代化的发展失去落实的根基；离开现代化，乡村教育本土化特色无法得以升华。"乡村振兴是党的十九大报告提出的重要战略，涵盖政治、经济、社会、文化、生态等多个维度。乡村学校作为乡村社区生活的中心，是乡村振兴的重要内容和重要支撑力量，在传递国家意识形态、传承乡土文化和乡风文明、完善乡村治理体系、培养高素质人才等方面具有不可替代的作用。2019 年，中共中央、国务院印发《中国教育现代化2035》，明确指出：办好乡村学校，推动学校融入乡村振兴发展。这为乡村学校发展指明了方向。然而，在城乡教育一体化背景下，承受着城市文化强烈冲击的乡村学校，在乡村振兴建设中已陷入'割裂、疏离和悬浮'的困境中。因此，我们必须清醒地认识到，乡村教育现代化已不仅仅是乡村教育系统内部发展的现代化，更应该是扎根于中国乡村大地且嵌入乡村振兴战略的现代化。[①]因此乡村教育最终应将乡村教育的原点回归到学生本身：学生兴趣的培养、行为习惯的养成，心智健全的合格公民而非是"能离开农村的人"；在儿童成长与发展过程中，既能"走出去"，把乡土当作是通往乡土之外广阔天地的起点，也能因为对故土的满腔热爱而"回得来"，拥有对家乡的深刻理解和情感，对民族文化的深刻认知和民族的认同，扎根在本土文化之中，传播知识，建设家乡，并与其脚下的土地紧紧缠绕，不能割裂。"乡村振兴战略的总要求之一

①李春玲.基于乡村振兴战略的乡村学校发展：困境与突围 [J].吉首大学学报（社会科学版）,2020(6):35-37.

是乡风文明，这体现了国家对乡土文化的重视，也意味着将乡土文化融入乡村教育是题中之义，乡村地域文化也蕴藏着丰富的教育资源，值得发掘"[1]。

乡村教育诞生于乡村文化之中，而这些乡村文化又来源于乡村生活，所以我们应该意识到乡村生活是乡村教育的基础，乡村教育也应该从乡村生活中获取教育资源。乡村教育的内容与方式应本土化，贴近乡村环境，发扬乡村精神，使民间故事、传统俗语、传统节日、传统习俗等代代相传的乡村文化得以传承。将普适性的基础知识与乡村文化相融合，形成具有乡土特色的乡村教育，将乡村文化纳入乡村教育课程是乡村教育需要发展的方向。

（二）发挥乡村小规模学校的独特优势

对乡村教育的关注不可回避地关注乡村教育的主阵地——乡村小规模学校的生存与发展问题。面对乡村小规模学校的学生大多数为"走不掉、过不好、保障差"的诸如单亲家庭儿童、家庭贫困儿童、事实无人抚养儿童、孤儿、残障儿童等困境儿童群体的现实，乡村小规模学校满足了农村20%的没能力进城上学的弱势家庭子女的教育需求。因此，对乡村小规模学校的研究是乡村困境儿童教育支持研究的逻辑起点。每每提到城乡差别，隐藏在背后默认的比对标准是城区学校。得出的结论自然是乡村学校资源短缺，乡村教师专业素养不够等默认的落后。如果换一个标准呢？作为传统文化重要组成的本乡本土的故事传说和民风民俗、那一方山川河流、各种本地的动物和植物，都是城区学校十分缺乏的文化以及自然资源。如果着眼这份城乡差别，乡村学校就完全可以拥有更大的发展空间——与城市教育平等对话乃至深度合作。开发以文化为依托的乡土教材就变得尤为重要。地方性教材是本地区的文化资源的主要载

---

[1]杜尚荣,刘芳.乡村振兴战略下的乡村教育：内涵、逻辑与路径[J].现代教育管理,2019(9):57-62.

体，具有浓郁的地方特色与文化情怀，在进行教育与传承的同时也可以给予乡村儿童文化自信。可以说乡村教育教材本土化的目标是在促进乡村儿童一般性发展的基础上，面对当下其生存现实，更好地引导他们认识脚下的土地，使其建立与乡土的联系与共鸣，阻止其成长过程中的乡村文化断裂，增强他们的文化自信，促进乡村儿童健全人格的培养。在进行乡村教育教材本土化时要注意普遍性知识与乡土知识之间的平等性、差异性和开放性，即普遍性知识体系体现的平等性与地方性知识的差异相结合。另外还要注意乡土课程资源的开发。

乡村教育本土化除了能够增强乡村儿童文化自信、促进其健全人格的形成以及防止乡村文化传承缺失外，根据乡村产业模式、特色产品、人才需求类型等相关的当地经济知识，以及传统手工艺制品、乡村历史背景、乡村特色风貌风俗等乡村文化知识来设计本土化的乡村教育，使乡村教育与当地经济发展对人才的需要相匹配，为当地经济发展提供所需的人才供给，而当地的经济发展又反过来为乡村教育的发展提供经济保障。从乡村儿童的个体发展而言，普遍性的教育体系中的规范性的知识，对于扩大乡村儿童的知识视野与提高其对现代生活的适应性来说是至关重要的，但普遍性的教育体系的设计性，往往不能够契合乡村儿童未来生存与发展的整体需要。而基于本土的特色课程可以给予乡村儿童情感、价值观相对全面的滋养，也给予其未来在本土生存与发展更多的技能与可能。在进行乡村教育内容本土化设计时充分考虑自身的经济特色，比如"农业产业型、工业配套型、乡村旅游型（自然风光、人文风光）、传统手工艺型、特殊资源型等，不同的乡村产业经济需要与区域内的乡村教育事业形成有效的人才供需关系"[1]，为乡村儿童未来在家乡生存与发展提供可能，也为乡村产业的振兴与经济的发展提供动力，促

[1] 陈时见，胡娜.新时代乡村教育振兴的现实困境与路径选择[J].西南大学学报（社会科学版），2019(3):69-74,189-190.

进经济的发展从而促进乡村教育的发展，形成良性循环。因此，应发挥小规模学校独特优势，在建设新农村的背景下，在城乡教育一体化契机下，让小规模学校行走在前景更为宽阔的道路上：创新小班化教育组织形式，使教育过程关注到每个儿童的发展成为可能；尊重儿童的差异，使提供个性化的教育精准帮扶成为可能；在"小而美、小而好"的乡村小规模学校中感受着教师的帮助和指导；在"苔花如米小，也学牡丹开"的变革和希望里，找到了师生相互守望、陪伴成长的现实具象版本；在"小班小校"的空间里相互认识、相互联结，体验着同伴的参与和支持；在普通儿童与困境儿童的相互帮助中，承认了差异，学会了接纳与包容；在普通教育与职业教育兼顾的实践里，掌握了生存之技，打开了创业之门。

（三）制度倾斜解决优秀乡村教师留任的"后顾之忧"[①]

"我国一半以上的学龄儿童在乡村，乡村教育质量如何，很大程度上关系着国家整体教育质量和发展水平。到2020年基本实现教育现代化，重点在乡村，而发展乡村教育，根本在教师。教师是影响学生健康成长的关键，是一切重大教育变革的核心力量"。[②]乡村教师在乡村教学实践工作中，除了基本的传递知识的职责外，还肩负着维护留守儿童身心健康发展的重要职责，在留守儿童情感的满足、自信心的建立与世界观的构建过程中，发挥着至关重要的作用。乡村教育发展的关键点就在于乡村教师队伍的建设，虽然近年通过一系列的国家政策调整，使得乡村教师的社会地位逐步提高，但不可否认在乡村教师队伍培养和发展过程中依然存在诸多问题。"优秀教师留任"是当前困扰乡村教育发展的首要问题。有学者对西部地区15所地方师范院校师范生进行抽样调查，结果显示虽然58.7%的师范生愿意到乡村任教，但只有10.5%的师范生愿意

[①]周晓娇，张天雪.乡村优秀教师留任的博弈分析与长效机制探讨[J].教育发展研究,2020(8):71-77.

[②]范先佐.乡村教育发展的根本问题[J].华中师范大学学报(人文社会科学版),2015(5):146-154.

在乡村从教 3 年以上。[①] 即便来到乡村，教师也会"按时离开"或者"想办法"尽快调离农村。即便多种奖补政策并行，优秀教师依然留任困难。究其原因，乡村环境艰苦、工作负担过重、个人和家庭发展受限[②] 是阻碍优秀教师留任乡村三大"拦路虎"。目前普遍采取的对教师奉献精神的过高期待，盲目提高乡村教师待遇或者乡村教师补偿不足都不利于乡村教师队伍的长效发展。除保障优秀教师的经济收入之外，还可以从人文关怀的角度增加政府追加成本的附加值。"子女发展""家庭发展"是困扰优秀教师留任的关键个人因素。受到这些因素影响，年轻教师尤其是男性教师更倾向于流动到更发达的地区。想要消弭或减缓这些来自教师个人家庭方面的因素影响，就需要加强对农村教师的人文关怀，为其解决后顾之忧。应该让真正扎根农村教育的教师感受到党和国家的温暖，在政策上给予人文的关怀与照顾。例如，加强对农村教师家庭及其子女的照顾，对于真正扎根偏远艰苦地区任教达到一定年限的农村教师子女，在中考、高考、就业方面给予优待，为教师配偶提供相对适合的工作机会等等。这既符合教师现实需求，也体现人性关怀。另外，为农村教师搭建同城市教师同等高度的发展平台也是较为关键的举措。发展平台的构建既是教师发展的需要，也可以消除年轻教师"被淘汰"的恐惧。所以，建立并完善城乡一体化教师培训体系，同时在职称评聘、编制配置方面，对乡村地区的照顾与倾斜都是必要之举。最后，在提高乡村教师各方面待遇的同时应该注意教师待遇的"中部塌陷"现象发生，即城市教师待遇和乡村教师待遇都高于城镇教师待遇，致使三个区域的教师待遇呈现"两头翘、中间低"的形态，从而在教师群体中形成新的不均衡问题。

[①] 姜金秋，陈祥梅.《乡村教师生活补助政策》实施背景下师范生乡村从教意愿及影响因素分析——基于西部贫困地区 15 所院校的调查 [J]. 教师教育研究，2019(1):43-50.

[②] 汪婷玲，殷丽华，王艳玲. 乡村教师流动及流失意愿的调查分析——基于云南省师宗县 623 位教师的调查 [J]. 曲靖师范学院学报，2017(5):79-84.

（四）建设高质量的乡村教师队伍

从乡村教师队伍建设的整体情况来看，一方面，由于经济发展落后，交通条件、地理位置欠佳，生活水平较低环境较差、物资缺乏以及个人机会较少等原因，乡村难以吸引高素质专业化的教师到乡村从教，乡村教师队伍补充渠道不畅。虽然为了扩充乡村教师队伍，我国陆续出台了"农村义务教育阶段学校教师特设岗位计划"（即"特岗计划"）、"农村教师资助行动计划"（即"资教计划"）等政策，但由于其职业吸引力不强而不愿意留守乡村的青年教师，在政策期满后选择留下来的少之又少，乡村教师队伍流失问题依然严重。另一方面，乡村教师培养特色不明显。建设高质量的乡村教师队伍不仅仅是在乡村教师数量上要有所保障，教学质量也尤为重要，乡村教师不仅要"引得来""留得住"，还要"教得好"。另外，在教师专业教育方面，贴近乡村生活现实、关照乡村教育的现实需求的教师专业课程在目前我国的师范课程体系中还比较匮乏，乡村教师大多接受的是趋同的专业课程教育。"乡村教师的发展需要接受现代化教育中所要求的基本素养，但其独特的生活、工作环境仍是被乡村文化与乡村元素所包围，这便决定了乡村教师有其独特的乡土文化气质"[1]。

首先，师范院校需要加强准教师对理解乡村文明，重建乡村文明的教育，培养师范学生的乡土情怀，促使这些可能成为教师的学生产生对乡村教师的职业认同，从而将乡村教师这一职业列入他们未来的职业选择范围。其次，针对乡村与城市不同的生存与教育环境，乡村教师的乡土知识、乡土教学能力应该在职前教育环节有所储备，师范教育需要确立乡村性取向，在乡村教师专业教育中融入乡村元素，在师范学院形成以乡村为主题的特色课程体系，"在关键性知识上，以学科专业知识为

---

[1] 康丹.乡村文化回归乡村教育的必要性及路径研究[D].陕西师范大学,2017:25.

基础，嵌入乡村文化与乡村故事，形成整体性的教育知识体系"[①]。再次，乡村教育与城市教育面临的教育对象不同，尤其是偏远地区及山区的乡村教育，教育对象大多是留守儿童与贫困儿童，这也对乡村教师提出了特殊的要求。另外，由于乡村教育的特殊性，乡村教师需要切身实地地了解乡村文化，理解乡村教育对象和乡村社会对乡村教育的真实需求，因此在乡村教师教育阶段，需要深入乡村课堂，通过观摩调研、参与实践来真正了解乡村教育现状。除职前教育外，职后培训与教师的自主学习也是提高乡村教师队伍质量的重要途径。

　　因此，采取切实有效的措施，提高乡村教师社会地位，提升乡村教师幸福感，唤醒乡村教师内在的心理认同与乡土情怀，激发乡村教师发展的内生动力，力求建设"引得来""留得住""教得好"的高质量乡村教师队伍。首先，政府与社会应该更加重视乡村教师地位的提升与社会认同感的提升，使乡村教师对自己的职业产生更大的自信心与认同感。其次，"破除乡村教师教育晋升的体制性障碍，为乡村教师提供更为多元的职业发展机会和培训交流机会，鼓励乡村教师在职进修或提高学历层次，在职称评审、待遇提升等方面有所倾斜，确保乡村教师教得好、得发展、享实惠"[②]。再次，薪资、社会福利及待遇是使得乡村教师能够"留得住"的关键，政府应加强财政投入，完善拨款与监督制度，保障乡村教师的待遇得到切实的提升，除薪资福利外，还需要改善教师的工作环境与生活环境，提升教师幸福感。另外，唤醒乡村教师对乡村教育的热爱以及对反哺乡村教育的认同感也是必不可少的。"农村学校教育培养的人才应当反哺乡村文化，尊重乡村文化，传承并发展乡村文化"[③]，实行本土招生、定向就业可以使当地乡村出生的教师激发乡土情感和民

①时伟.乡村教师核心素养与教师教育课程重构[J].课程.教材.教法,2019(3):120-125.
②咸万学,刘伟.乡村教育振兴的内涵、价值与路径[J].国家教育行政学院学报,2020(6):21-28.
③刘黎明.教育生态观下的乡村文化与农村学校教育[J].教育评论,2016(2):39-42.

族情怀，比起外来教师有更强烈的认同感，更加益于融入当地民族文化和乡村生活。

（五）普及乡村教育信息化

以信息技术为代表的现代科学技术的利用，是乡村教育现代化中不可或缺的一部分。2018 年，教育部印发《教育信息化 2.0 行动计划》，指出要将教育信息化作为教育系统性变革的内生变量，支撑引领教育现代化发展；2019 年，中共中央、国务院印发《中国教育现代化 2035》，将加快信息化时代教育变革列为面向教育现代化的十大战略任务之一。随着现代化信息技术的高速发展，实现乡村教育信息化，是实现城乡教育公平，减少乡村教育与城市教育之间差距的重要途径，也是实现乡村教育现代化的必由之路。而资源匮乏是乡村教育不利处境最显性的体现，以学校的校舍和现代化的多媒体教室为核心的资源配置上与城市学校的差距仍较为明显。"据《中国教育统计年鉴》数据，2018 年城区小学网络多媒体教室占比为 88.29%，而乡村小学仅为 55.58%，城区初中网络多媒体教室占比为 86.68%，而乡村初中为 70.61%；乡村小学的危房面积达 1744305 平方米，是城区的 2.66 倍；乡村初中的危房面积达 640221 平方米，是城区的 1.41 倍"[①]。乡村教育资源的匮乏使得乡村教育与城市之间的差距无法缩小，教育公平实现困难，尤其是教育信息化资源的短缺使得乡村与城市之间"互联网 + 教育""数字教育"的鸿沟日益扩大。"发达地区、城镇学校教育信息化浪潮一浪高过一浪，教育互联网应用正在深刻地改变学校教育形态；在广大农村、边远贫困地区，学校教育却仍然靠一张嘴、一本书、一块黑板来运行"。虽然近些年来，我国积极推进中小学校的信息技术教育普及工作，乡村教育信息化程度也得到了

①金久仁.教育扶贫内涵指涉与路径转型 [J].教育与经济,2020(2):10-18.

一定水平的提高，但对于很多地区来说，乡村学校的信息化教学资源硬件设施仍然不够完善，且对乡村教师关于专业且系统的信息技术教育的培训依然十分短缺。许多乡村教师对于传统的教育观念与方式根深蒂固，没有经过专业的培训，也没有开展信息化教学的相关知识储备，导致了即使有的学校硬件设施已经完备却依然无法发挥其作用，使得乡村学校教育信息化发展仍然滞后。因此乡村教育的信息化发展需要从资金保障、硬件设备和人才队伍建设三个方面来进行，保障人才与设施的同步完善，使其发挥最大作用。

　　加强对乡村学生信息技术教育，提高其信息素养，是促进他们接纳现代文明、与现代化社会深入对接，适应现代化的信息化社会的必然要求。同时扩展乡村学生信息接收渠道，打破其生活地域的局限性，与更广阔的世界建立联系的重要途径。而现代信息技术也能够在很大程度上，弥补乡村教育与城市教育之间优质教育资源缺乏共享渠道的不足。另外，教育信息化在一定程度上能够解决乡村学生上学难问题。在一些农村地区尤其是山区，由于地势与学校稀少等原因，学龄儿童住所分散，上学路途遥远，这也是导致很多适龄儿童上学难的原因之一。而借助现代化信息技术手段数字教育、线上教育使得乡村教育空间的限制得到了解决，乡村学生可以通过计算机、手机等现代化信息设备进行学习。而远程教育也在很大程度上节约了农村师资力量与人力资源。完善乡村学校教育信息化资源、发展乡村教育信息化不仅对学生有重要作用，对乡村教师来说，信息化资源的完善方便了其职后学习，也方便了教师间的分享交流，也十分有利于其专业知识与职业素养的发展。乡村教师的继续教育与终身学习是促进教师专业发展从而促进乡村教育质量提高的重要途径，因此，发展乡村教育信息化在发展乡村教育中起十分重要的作用。而实现这一切的前提是硬件设施覆盖，资金的投入、网络的铺设、设备的普及是乡村教育实现信息化、现代化的最重要条件。除此之外，在这个信息爆炸的时代背景下，仅仅教会学生信息技术是不够的，还应加强学生对于不良信息的甄别能力，"通过乡村学生个体理性认知与独立批判意识，提升乡村学生获得、识别、转化有效信息的能力，减少不良信息对乡村学生成长的伤害，发挥有效信息对乡村学生成长的积极意义"。[①]

（六）发挥乡村困境儿童社区教育的优势

在乡村教育过程中除了学校与家庭教育外，社区教育也是必不可少的。"社区，对于乡村困境儿童而言，应该叫作村，是困境儿童成长和生活的大环境，他们对于困境儿童家庭情况的了解更为详细和具体，帮助困境儿童解决生活中的实际困难具有得天独厚的优势"。[②] 而在实际教育过程中，社区教育往往只在发展较快的城市中开展，乡村教育中几乎没有社区教育这个概念。而农村社区恰恰是学生个体与其他个体联系最紧密的节点，与城市中的高楼林立邻里间几乎不认识的情况相比，乡村的人际关系往往更加熟识更加紧密。乡村学生生长于乡村，居住于乡村，学生在这样熟识的社会范围内在心理上会更加有安全感更加容易接受，社区教育的展开往往更加容易。"一方面，学生可以有心理安全感地与社区其他人进行互动与学习；另一方面，农村学校很容易与家庭、社区建立起紧密的联系，共同塑造学生成长所需的良好环境。"[③] 乡村的自然环境与文化环境是开放的，这得天独厚的环境更有利于学生进行体验与实践，培养他们的实践能力，促进其身心的全面发展与健全人格的形成。利用社区资源也更有利于学生接触学习乡土文化，激发其乡土情怀，加

---

① 王红, 邬志辉. 新时代乡村教育扶贫的价值定位与分类治理 [J]. 教育与经济, 2018(6):18-24.

② 张学敏. 乡村困境儿童教育精准支持研究 [D]. 沈阳师范大学硕士学位论文, 2018:25.

③ 赵丹, 陈遇春, 赵阔. 优质均衡视角下乡村小规模学校教育质量困境与对策 [J]. 华中师范大学学报 (人文社会科学版), 2019(2):157-167.

强其文化自信。而开发社区的教育资源，增强居民对教育的参与感，也更有利于促进乡村教育的发展。对于乡村困境儿童来说，社区更是连接家长、学校与社会之间的枢纽，"在乡村困境儿童的教育支持过程中，社区要发挥其优势，充分利用国家法律法规给予的优惠政策，详细地了解乡村困境儿童的生存现状，及时进行救助，多与政府、家庭和学校进行沟通，寻求帮助，给乡村困境儿童营造一个健康发展的环境"①。因此，加强对社区教育的宣传与政策上的引导和支持，也是促进乡村教育发展的重要手段。

①张学敏.乡村困境儿童教育精准支持研究 [D]. 沈阳师范大学硕士学位论文,2018:25.

参考文献

中文著作

[1]　陈纯槿. 教育精准扶贫与代际流动 [M]. 上海：华东师范大学出版社，2017.

[2]　陈旭. 留守儿童的社会性发展问题与社会支持系统 [M]. 北京：人民出版社，2013.

[3]　邓猛. 融合教育背景下中国特殊教育体系发展研究 [M]. 南京：南京师范大学出版社，2016.

[4]　邓旭. 教育政策执行研究：一种制度分析的范式 [M]. 北京：教育科学出版社，2010.

[5]　韩嘉玲. 小而美：农村小规模学校的变革故事 [M]. 北京：教育科学出版社，2019.

[6]　纪德奎等. 我国农村学校文化转型论 [M]. 北京：中国社会科学出版社，2017.

[7]　林聚任，刘玉安. 社会科学研究方法（第二版）[M]. 济南：山东人民出版社，2004.

[8]　刘晓玲. 经济发达城市中贫困儿童福利研究 [M]. 北京：中国社会科学出版社，2016.

[9]　亓迪. 促进儿童发展福利政策与服务模式 [M]. 北京：社会科学文献出版社，2018.

[10]　钱宁. 现代社会福利思想 [M]. 北京：高等教育出版社，2006.

[11]　任春荣，左晓梅等. 乡村小规模学校的生存与发展 [M]. 北京：知识产权出版社，2019.

[12]　唐丽霞，杨亮承. 关爱春雷：农村贫困儿童救助政策评估及建议 [M]. 北京：社会科学文献出版社，2015.

[13]　王思斌. 社会行政 [M]. 北京：高等教育出版社，2006.

[14]　杨道田. 新时期我国精准扶贫机制创新路径 [M]. 北京：经济管理出版社，2017.

[15]　姚建龙. 困境儿童保障研究 [M]. 北京：中国政法大学出版社，2018.

[16]　余秀兰. 社会弱势群体的教育支持：社会保障与社会政策研究 [M]. 北京：中国劳动社会保障出版社，2007.

[17]　郑功成. 社会保障学 [M]. 北京：中国劳动社会保障出版社，2010.

[18]　郑杭生. 转型中的中国社会和中国社会的转型 [M]. 北京：首都师范大学出版社，1996.

[19]　周德钧，王之. 流动儿童的成长困境与融合教育之道 [M]. 武汉：华中科技大学出版社，2014.

[20]　周国华. 流动儿童的教育管理与社会支持 [M]. 济南：山东教育出版社，2015.

[21] 周佳.处境不利儿童平等发展权利的社会保障研究 [M].北京大学出版社，2016.

[22] 周沛等.现代社会福利 [M].北京：中国劳动社会保障出版社，2014.

[23] [美] 高尔等.教育研究方法导论（第六版）[M].许庆豫等，译.南京：江苏教育出版社，2002.

[24] [美] 韦思·K·霍伊，塞西尔·G·米巧克尔.教育管理学：理论·研究·实践 [M].范国睿，译.北京：教育科学出版社，2007.

学术论文

[1] 柏文涌，黄光芬，齐芳.社会管理创新视域下困境儿童救助策略研究：基于儿童福利理论的视角 [J].云南行政学院学报，2013(2).

[2] 曹雁飞，柳海民，王澍.美国无家可归儿童教育政策的变迁、行动样态及实践困境 [J].外国教育研究，2016(12).

[3] 柴江，王军.特殊教育教师职业认同与工作满意度的调查研究 [J].中国特殊教育，2014(11).

[4] 陈晨.我国孤儿心理需求状况调查：基于 10 省市儿童福利机构的调查数据分析 [J].中国特殊教育，2013(11).

[5] 陈成文.社会学视野中的社会弱者 [J].湖南师范大学社会科学学报，1999(2).

[6] 陈会云，曹晓君.特殊教育"送教上门"的问题及对策 [J].现代特殊教育，2017(24).

[7] 陈家斌.我国弱势儿童教育发展三十年的回顾与思考 [J].教育探索，2009(3).

[8] 陈时见，胡娜.新时代乡村教育振兴的现实困境与路径选择 [J].西南大学学报(社会科学版)，2019(3).

[9] 陈云凡，周燕.以需要为中心：中国残疾儿童义务教育政策创新研究 [J].贵州师范大学学报(社会科学版)，2018(3).

[10] 程福财.家庭、国家与儿童福利供给 [J].青年研究，2012(1).

[11] 崔丽娟，郝振.农村"留守儿童"教育困境的反思及对策研究 [J].全球教育展望，2007(11).

[12] 代蕊华，于璇.教育精准扶贫：困境与治理路径 [J].教育发展研究，2017(7).

[13] 邓纯考.农村留守儿童社会化困境与学校教育对策：对浙南 R 市的调查与实践 [J].浙江社会科学，2012(5).

[14] 邓旭，马一先.乡村困境儿童教育精准支持的理想之美与现实审视：兼论乡村小规模学校的价值意蕴 [J].教育科学，2021(7).

[15] 邓旭，马一先.困境儿童分类保障政策的审视与推进 [C].中国教育法制评论

[A]. 北京：教育科学出版社，2020(12).

[16] 邓旭，徐镝. 困境儿童教育精准支持：主体、客体、方法、内容 [J]. 教育理论与实践，2018(10).

[17] 邓旭，马一先. 困境儿童教育精准支持的审视与现实可能 [J]. 沈阳师范大学学报（社会科学版），2021(2).

[18] 邓旭，马凌霄. 困境儿童教育精准支持及其实现路径 [J]. 辽宁教育行政学院学报，2018(6).

[19] 杜尚荣，刘芳. 乡村振兴战略下的乡村教育：内涵、逻辑与路径 [J]. 现代教育管理，2019(9).

[20] 杜亚洲. 特殊教育学校课程设置与改革的设想 [J]. 中国特殊教育，2002(2).

[21] 段从宇，伊继东. 教育精准扶贫的内涵、要素及实现路径 [J]. 教育与经济，2018(5).

[22] 凡勇昆，常雪. "走不掉的一代"：关注乡村小规模学校中的边缘群体 [J]. 教育发展研究，2017(15-16).

[23] 范先佐. 乡村教育发展的根本问题 [J]. 华中师范大学学报（人文社会科学版），2015(5).

[24] 方俊明. 送教上门支持保障体系的构建与完善 [J]. 现代特殊教育，2017(7).

[25] 冯建新，冯敏. 陕西省特殊教育教师专业发展现状的调查研究 [J]. 中国特殊教育，2011(1).

[26] 冯雅静. 我国关于普通教师特殊教育素养培养的政策支持 [J]. 中国特殊教育，2017(3).

[27] 冯元，彭华民. 近 30 年中国流浪儿童教育研究述评 [J]. 中国特殊教育，2014(3).

[28] 付光槐. 农村小学留守儿童生存困境的现状与对策研究：以薛坪镇果坪中心小学为例 [J]. 基础教育，2012(4).

[29] 傅昌波，黄颖. 完善困境儿童国家保障制度的思考 [J]. 社会治理，2017(1).

[30] 高瑾，宋占美. 发达国家对弱势群体的教育支持及对我国的启示 [J]. 中国成人教育，2015(13).

[31] 高丽茹，彭华民. 中国困境儿童研究轨迹：概念、政策和主题 [J]. 江海学刊，2015(4).

[32] 韩佩玉，蔡华. 相对剥夺视角下的凉山彝区"特殊困难儿童"现状及思考：以昭觉县为例 [J]. 西南民族大学学报（人文社会科学版），2014(2).

[33] 郝文武，李明. 教育扶贫必须杜绝因学致贫 [J]. 教育与经济，2017(5).

[34] 洪俊. 农村义务教育课程改革的价值取向：兼论农村教育必须坚持为"三农"服务 [J]. 东北师范大学学报（哲学社会科学版），2006(4).

[35] 胡花平，陈行鹏.西部农村留守儿童学校教育的困境探析 [J].农村教育研究，2010(14).

[36] 黄儒军，申仁洪，明兰，熊欢.特殊儿童送教上门服务的实践与反思 [J].现代特殊教育，2017(22).

[37] 黄晓燕.家庭支持视角下的困境儿童服务融合路径探讨 [J].中国民政，2015(19).

[38] 季彩君.基于实证调查的留守儿童教育支持研究：以苏中 X 地区为例 [J].全球教育展望，2016(3).

[39] 季彩君.教育公平视阈下的留守儿童教育支持：基于留守与非留守儿童差异的实证调查 [J].基础教育，2016(2).

[40] 贾利帅.西班牙全纳教育改革与发展 [J].中国特殊教育，2019(2).

[41] 贾志科，李文强，王思嘉.新中国成立后我国儿童福利政策的演进历程：兼述政策效果及未来方向 [J].少年儿童研究，2019(10).

[42] 姜金秋，陈祥梅.《乡村教师生活补助政策》实施背景下师范生乡村从教意愿及影响因素分析：基于西部贫困地区 15 所院校的调查 [J].教师教育研究，2019(1).

[43] 江治强.中国儿童福利体系及其构建 [J].社会福利（理论版），2014(12).

[44] 解飞厚.基础教育要为建设新农村培养新农民 [J].湖北大学学报（哲学社会科学版），2006(4).

[45] 金久仁.教育扶贫内涵指涉与路径转型 [J].教育与经济，2020(2).

[46] 李春玲.基于乡村振兴战略的乡村学校发展：困境与突围 [J].吉首大学学报（社会科学版），2020(6).

[47] 李洪波.实现中的权利：困境儿童社会保障政策研究 [J].求是学刊，2017(2).

[48] 李拉.从规模到质量：随班就读发展的目标转型与策略调整 [J].现代中小学教育，2015(1).

[49] 李拉.融合教育的推进路径 [J].现代特殊教育，2017(6).

[50] 李拉.我国残疾儿童随班就读的发展策略反思：基于矛盾分析的方法 [J].基础教育，2016(5).

[51] 李拉.我国随班就读政策演进 30 年：历程、困境与对策 [J].中国特殊教育，2015(10).

[52] 李强.社会支持与个体心理健康 [J].天津社会科学，1998(1).

[53] 李尚卫，沈有禄.我国特殊职业教育发展战略：回顾与展望 [J].中国职业技术教育，2019(16).

[54] 李迎生.弱势儿童的社会保护：社会政策的视角 [J].西北师大学报（社会科学版），2006(3).

[55] 刘凤，于丹.非政府组织参与困境儿童救助的制约因素及出路 [J].学术交流,2015(4).

[56] 刘家强等.中国新贫困人口及其社会保障体系建构的思考 [J].人口研究，2005(5).

[57] 刘黎明.教育生态观下的乡村文化与农村学校教育 [J].教育评论，2016(2).

[58] 刘明，邓赐平.英美特殊儿童评估现状及启示 [J].中国特殊教育，2009(9).

[59] 刘佩.社会工作行政视角下的弱势儿童社会保护政策 [J].甘肃理论学刊，2010(5).

[60] 刘欣欣.青岛市儿童福利院：探索困境儿童社会工作新路径 [J].社会福利，2012(8).

[61] 刘云艳，程绍仁.公共治理逻辑：弱势儿童教育发展的社会协同机制建构 [J].西南大学学报（社会科学版）,2015(3).

[62] 罗爽.中国台湾地区家庭教育指导服务体系及其启示[J].首都师范大学学报(社会科学版），2015(3).

[63] 马一先.新中国70年乡村小规模学校政策研究热点领域与未来展望 [J].辽宁教育行政学院学报，2020(9).

[64] 马一先.民族地区中小学教师职后培养的问题与对策研究 [J].吉林省教育学院学报，2020(2).

[65] 满小欧，李月娥.西方困境儿童家庭支持福利制度模式探析 [J].北京社会科学，2015(11).

[66] 满小欧，王作宝.从"传统福利"到"积极福利"：我国困境儿童家庭支持福利体系构建研究 [J].东北大学学报（社会科学版），2016(2).

[67] 孟超.河南省事实无人抚养儿童面临的困难及政策建议 [J].中国民政，2013(7).

[68] 孟照海.教育扶贫政策的理论依据及实现条件：国际经验与本土思考 [J].教育研究，2016(11).

[69] 宁宁.美国个别化转衔服务的发展特点及启示 [J].现代特殊教育，2017(1).

[70] 彭霞光，齐媛.提高特殊教育发展水平的政策建议 [J].中国特殊教育，2014(12).

[71] 戚万学，刘伟.乡村教育振兴的内涵、价值与路径 [J].国家教育行政学院学报，2020(6).

[72] 乔东平，廉婷婷，苏林伟.中国儿童福利政策新发展与新时代政策思考：基于2010年以来的政策文献研究 [J].社会工作与管理，2019(3).

[73] 乔东平.困境儿童保障的问题、理念与服务保障 [J].中国民政，2015(19).

[74] 乔庆梅.中国残疾儿童社会福利：发展、路径与反思 [J].社会保障评论，2018(3).

[75] 丘海雄，陈健民，任焰.社会支持结构的转变：从一元到多元 [J].社会学研究，1998(4).

[76] 丘卫红，李奎，黄焕杰，等.综合教学方法应用于临床医学专业留学生康复医

学教学初探 [J]. 中国康复，2017(4).

[77] 冉云芳. 农村弱势儿童群体的质性研究 [J]. 教育科学研究，2007(9).

[78] 桑俊杰. 送教上门的实践探索问题研究综述 [J]. 课程教育研究，2017(8).

[79] 尚晓援，虞婕. 建构"困境儿童"的概念体系 [J]. 社会福利 (理论版)，2014(6).

[80] 沈进兵. 社区教育：实现城市弱势群体教育支持的有效途径 [J]. 当代继续教育，2014(6).

[81] 沈茂英. 四川藏区精准扶贫面临的多维约束与化解策略 [J]. 农村经济，2015(6).

[82] 盛永进. 美国特殊教育学校的个别化教学：帕金斯盲校的经验与借鉴 [J]. 中国特殊教育，2011(3).

[83] 时伟. 乡村教师核心素养与教师教育课程重构 [J]. 课程 . 教材 . 教法，2019(3).

[84] 孙锋. 特殊学校教师对融合教育的态度调查 [J]. 教育理论与实践，2013(2).

[85] 孙绵涛. 关于教育政策分析若干理论问题的探讨 [J]. 教育研究与实验，2002(2).

[86] 孙绵涛. 关于教育政策内容分析的探讨：以中国 1978 年后教育体制改革政策内容的分析为例 [J]. 教育研究与实验，2007(3).

[87] 孙莹. 建立我国特殊困难儿童社会支持系统的基本策略：培育和发展社区和非营利组织 [J]. 青年研究，2004(9).

[88] 汤秀娟. 流浪儿童协同教育的缺失与重构 [J]. 大连大学学报，2014(6).

[89] 陶冶. 美国的困境儿童福利保障 [J]. 中国民政，2015(19).

[90] 滕洪昌，姚建龙. 困境儿童概念辨析 [J]. 社会福利 (理论版)，2017(11).

[91] 汪婷玲，殷丽华，王艳玲. 乡村教师流动及流失意愿的调查分析：基于云南省师宗县 623 位教师的调查 [J]. 曲靖师范学院学报，2017 (5).

[92] 汪三贵，郭子豪. 论中国的精准扶贫 [J]. 贵州社会科学，2015(5).

[93] 王红，邬志辉. 新时代乡村教育扶贫的价值定位与分类治理 [J]. 教育与经济，2018(6).

[94] 王辉，李晓庆，李晓娟. 国内孤独症儿童评估工具的研究现状 [J]. 中国特殊教育，2009(7).

[95] 王培峰. 我国特殊教育政策：总体结构及其问题：基于特殊教育政策文本的分析 [J]. 基础教育，2016(2).

[96] 王琪. "困境儿童"的救助：以"儿童福利法"为视角 [J]. 法治与社会，2014(27).

[97] 王鑫，李俊杰. 精准扶贫：内涵、挑战及其实现路径：基于湖北武陵山片区的调查 [J] 中南民族大学学报，2016(5).

[98] 王雁，王志强，朱楠，等. 全国特殊教育学校教职工队伍结构及需求情况调查 [J]. 中国特殊教育，2012(11).

[99] 乌云特娜，朱小蔓.当前俄罗斯孤儿安置政策分析 [J].教育研究，2008(4).

[100]吴霓，王学男.党的十八大以来教育扶贫政策的发展特征 [J].教育研究，2017(9).

[101]武艳华，周辉.困境儿童的福利需求、救助不足与保护机制研究：基于困境儿童的类型化分析 [J].社会工作与管理，2018(3).

[102]解飞厚.基础教育要为建设新农村培养新农民 [J].湖北大学学报 (哲学社会科学版)，2006(4).

[103]谢琼.流浪儿童救助：政策评估及相关建议 [J].山东社会科学，2010(1).

[104]谢治菊.教育五层级阻断贫困代际传递：理论建构、中国实践与政策设计 [J].湖南师范大学教育科学学报，2009(12).

[105]徐白伦.金钥匙计划的回顾与展望 [J].特殊教育研究，1992(2).

[106]徐建中.中国未来儿童福利体系展望 [J].社会福利，2015(2).

[107]杨东平.建设小而优、小而美的农村小规模学校 [J].人民教育，2016(2).

[108]杨晶.美国儿童保护强制报告制度响应模式的新转向及其对中国的启示 [J].社会发展研究，2019(2).

[109]杨克瑞.改革开放 40 年我国特殊教育政策的顶层设计与战略推进 [J].中国教育学刊，2018(5).

[110]杨兰，张业强."后撤点并校"时代小规模学校的复兴 [J].教育发展研究，2014(6).

[111]杨生勇.我国针对农村孤儿的社会政策变迁及调整对策 [J].中国青年政治学院学报，2005(6).

[112]杨思帆，杨晓良.处境不利儿童教育补偿政策比较研究：以美国、印度、中国三国为例 [J].现代教育管理，2016(12).

[113]杨艳，朱星.美国儿童局对中国儿童保护的启示 [J].社会福利，2015(10).

[114]杨智平.论困境儿童监护制度的完善 [J].海南大学学报 (人文社会科学版)，2020(2).

[115]易谨.我国台湾地区与日本儿童福利法律制度的特色与启发 [J].青年探索，2012(2).

[116]尹海洁，庞文.我国特殊教育师资的发展瓶颈与对策 [J].中国特殊教育，2010(3).

[117]于素红，朱媛媛.随班就读支持保障体系的建设 [J].中国特殊教育，2012(8).

[118]余秀兰.弱势群体的教育支持：发达国家的理念及其嬗变 [J].比较教育研究，2009(1).

[119]余应鸿.乡村教育发展的内生机制研究 [J].西南大学学报 (社会科学版)，2020(2).

[120]袁国，程静，贾丽彬.孤儿高等职业教育管理与服务存在的问题及对策探析 [J].教育与职业，2018(6).

[121]张彩云，傅王倩.发达国家贫困地区教育支持政策及对我国教育精准扶贫的启示 [J].比较教育研究，2016(6).

[122]张茂林，陈琳，王辉，李晓庆.国内康复机构自闭症儿童评估情况调查与分析 [J].中国特殊教育，2009(8).

[123]张天雪，黄丹.2013 年度中国儿童政策研究述评 [J].浙江师范大学学报 (社会科学版)，2014(5).

[124]张文娟.儿童福利制度亟须顶层设计 [J].社会福利，2013(2).

[125]张欣，张燕，赵斌.我国随班就读工作推进中的困难及对策探析 [J].现代特殊教育，2018(18).

[126]赵川芳.近年我国流浪儿童救助保护的演变、问题与对策 [J].青年探索，2017(6).

[127]赵川芳.近三十年来儿童保护立法政策综述 [J].社会福利 (理论版)，2014(7).

[128]赵丹，陈遇春，赵阔.优质均衡视角下乡村小规模学校教育质量困境与对策 [J].华中师范大学学报 (人文社会科学版)，2019(2).

[129]赵佳佳.我国困境儿童救助问题及其对策研究 [J].法制与社会，2015(20).

[130]赵珂，曾薇.教育资源不公平配置对农村教育精准扶贫的影响：基于江西省 R县的调查研究 [J].老区建设，2016(10).

[131]赵小红，王丽丽，王雁.特殊教育学校经费投入与支出状况分析及政策建议 [J].中国特殊教育，2014(10).

[132]赵艳华，肖非.丹东地区特殊学校教师职业倦怠分析报告 [J].基础教育，2009(7).

[133]郑伟，张茂聪，王培峰.新中国成立以来我国融合教育的实践理路：基于政策文本的分析 [J].中国特殊教育，2019(1).

[134]郅玉玲.发达国家困境儿童保障经验阐释 [J].青年学报，2017(1).

[135]周佳.困境儿童学校精准帮扶的审视与推进 [J].中国教育学刊，2018(11).

[136]周晓娇，张天雪.乡村优秀教师留任的博弈分析与长效机制探讨 [J].教育发展研究，2020(8).

[137]周蕴，祁占勇.我国特殊教育政策研究热点的知识图谱分析 [J].现代特殊教育，2017(8).

[138]朱楠，彭盼盼，邹荣.特殊儿童家庭社会经济地位、社会支持对亲子关系的影响 [J].中国特殊教育，2015(9).

[139]祝建华.贫困代际传递过程中的教育因素分析 [J].教育发展研究，2016(3).

[140]庄天慧等.精准扶贫主体行为逻辑与作用机制研究 [J].广西民族研究，2015(6).

[141]Atchley . Social Force and Aging [M]. California:Wads worth Publishing Company，1985.

[142]Hubenthal M，lfland AM. Risks for Children Recent Development in Early Child care Policy in Germany [J].Childhood:A Global Journal of Child Research，2011(1).

[143]Pecora P J. The Child Welfare Challenge：Policy, Practice, and Research[M]. Livingston:Transaction Publisher，2000.

[144]Zigmond,N.,and Baker,J.M.Concluding comments:Current and future practices in inclusive schooling [J].The Journal of Special Education,1995(2).

学位论文

[1] 陈静 . 美国儿童医疗保障政策研究 [D]. 华中科技大学博士学位论文，2018.

[2] 陈亦阳 . 福利多元主义理论下的流浪儿童社会救助研究 [D]. 江西财经大学硕士学位论文，2020.

[3] 代浩 . 我国困境儿童救助法律问题研究 [D]. 广西师范大学硕士学位论文，2019.

[4] 康丹 . 乡村文化回归乡村教育的必要性及路径研究 [D]. 陕西师范大学硕士学位论文，2017.

[5] 李娟 . 美国弱势群体补偿教育政策形成与变迁研究 [D]. 华东师范大学博士学位论文，2016.

[6] 刘静 . 困境儿童权益保障中的政府责任 [D]. 陕西：延安大学硕士学位论文，2015.

[7] 穆惠涛 . 习近平教育扶贫思想研究 [D]. 东北师范大学硕士学位论文，2019.

[8] 魏丽丽 . 流浪儿童救助政策执行问题研究 [D]. 郑州大学硕士学位论文，2018.

[9] 吴亚东 . 我国残疾儿童受教育权保护的法理探析 [D]. 西南政法大学硕士学位论文，2016.

[10] 张阿香 . 困境儿童监护制度的缺失与完善 [D]. 黑龙江大学硕士学位论文，2018.

[11] 张芳 . 从购买到回购：政府公共服务供给模式转变研究 [D]. 华东政法大学硕士学位论文，2018.

[12] 张学敏 . 乡村困境儿童教育精准支持研究 [D]. 沈阳师范大学硕士学位论文，2018.

[13] 郑晓坤 . 中国特殊教育师资培养研究（1978—2016）[D]. 东北师范大学博士学位论文，2017.

[14] 朱凡 . 困境家庭儿童保障中政府责任的完善研究 [D]. 华东理工大学硕士论文，2019.

后 记

2016年6月，国务院发布的《关于加强困境儿童保障工作的意见》中明确提出了"困境儿童"的概念。困境儿童的保障是我国儿童福利制度保障的"底线"。乡村困境儿童在困境儿童中所占比例较大，由于生理、社会、家庭等多方原因使得乡村困境儿童的处境更加不利。对困境儿童，特别是乡村困境儿童的教育支持，可有效打破贫困的代际传递。现实中，对乡村困境儿童的教育支持仍然面临困境。

在这样的背景下，我有幸在2016年承担了全国教育科学规划国家一般课题"乡村困境儿童成长的教育精准支持研究"。该课题历时五年，于2021年7月结题。本书也是此课题的重要研究成果之一。本书分别从理论层面、政策层面、实践层面，诠释乡村困境儿童教育精准支持问题。首先，从理论层面建构乡村困境儿童教育精准支持的主体、客体、方法、内容四个范畴的分析框架，形成主体"多元与互动"、客体"界定与识别"、方法"重心下移与精准到人"与内容"生存保障与发展"四个范畴的乡村困境儿童精准教育支持体系。其次，运用规范的教育政策内容分析方法，从乡村困境儿童教育支持政策的主体、客体、内容、方法四个维度，运用理论分析和事实分析，对乡村困境儿童教育精准支持政策文本进行内容分析，并提出政策改进建议。最后，从实践层面对乡村困境儿童教育精准支持进行田野调查研究。调研实地选取了当时的国家贫困县安徽省霍邱县长集镇 D 村。从该村建档立卡的 36 名困境儿童中选取了 3 名不同类型的困境儿童作为研究对象，并对安徽省霍邱县长集镇 D 村乡镇政府扶贫办、中小学校长及教师、特殊教育学校的领导及教师、乡村困境儿童的监护人进行了深度的访谈和全面的观察。了解乡村困境儿童教育精准支持的困境与需求，呈现乡村困境儿童教育精准支持的样貌与图景，探寻乡村困境儿童教育精准支持的改进策略。

感谢华东师范大学马一先博士、浙江师范大学周晓娇博士在本书的总体思路建构与核心观点撰写中作出的学术贡献；感谢马一先博士在资料收集、资料分析、内容撰写以及书稿校对等方面的辛苦付出；感谢我所带的硕士研究生马凌霄、张学敏、曾婉湘，他们的硕士论文的核心观点被吸纳到本书中，为本书的完成奠定了基础；感谢为本书的调查研究提供大力支持的所有人；感谢辽宁人民出版社张晋闻编辑的专业审读；感谢所有为此书得以付梓给予帮助的人！

邓　旭

2022 年 5 月 24 日